김용선 · 임성준 지음

지갑이 열리는
SNS 고수들의 마케팅 노하우

큰돈 안들이고
하루 매출 **3천만 원**을 만드는

SNS 창업
마케팅

누구나 바로 써먹는 업종별 마케팅 실전 비법 공개

KB116110

Booksgo

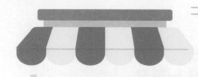

SNS를 아는 것과
모르는 것의 차이는 크다

가끔 택시를 타거나 우연치 않게 또래의 사람들과 만나면 이런 대화를 한다.

"혹시 SNS 해보셨어요?"

"어? 그게 뭐예요?"

"그럼 인스타그램이나 카카오 스토리, 페이스북이나 유튜브는 해보셨어요?"

"아~ 해봤죠. 여기 보세요. 제 폰에도 인스타그램이 깔려 있잖아요~"

"혹시 인스타그램이나 페이스북에서 물건을 사본 적은 있으세요?"

"에이~ 거기서 무슨 물건을 어떻게 사요? 가끔 식당이나 카페는 사진 보고 한 번 가보는 거죠."

"생각처럼 SNS 운영이 어렵지 않으니 사용해 보면 어때요?"

"에이~ 그거 하는 사람들이나 하고 젊은 사람들이나 하는 거지..."

　사람들이 SNS에 관심을 가지는 커다란 이유는 "이걸로 돈을 벌 수 있다!"라는 말 때문이다. 하지만 운영 방법을 알고 있더라도 실제로 자신의 SNS에 적용하여 운영하기까지 나름의 용기와 도전의식이 필요하다. 그만큼 시행착오가 많고 경험으로 익히는 부분이 많기 때문이다.

　일반적으로 그때그때 필요한 정보를 찾고 확인하는 용도로 SNS를 사용한다. 하지만 SNS가 가진 확장성에 비해 단편적으로 사용하고 그치는 경우가 많아서 아쉬울 때가 종종 있다. 그래서 온라인 마케팅 강의를 할 때마다 SNS로 더 많은 것을 할 수 있다는 것을 알려주기 위해 노력하지만 마음만 앞설 때가 많다.

　오랫동안 온라인 마케팅을 통해 매출을 끌어올리고 수익을 만드는 방법을 연구하면서 SNS 업계의 신화와 같은 이야기도 많이 들었고, 실제로 경험하고 때론 옆에서 지켜보기도 하였다. SNS 플랫폼을 이용한

신흥갑부의 탄생은 이상이 아닌 현실로 일어나고 있는 것이다.

음식점, 카페, 휴양지, 레저 타운 등을 이용하는 사람이 경험담이나 후기를 해시태그와 함께 각자의 계정에 올리면 매장을 이용할 때 특별한 서비스를 제공받는다. 또 많은 팔로워를 가지고 있는 인플루언서들은 협찬을 통해 상품을 홍보하고 노출하기도 한다. 인플루언서들은 자신의 일상을 꾸준히 업데이트하면서 협찬 받은 옷이나 신발, 각종 상품, 머물렀던 장소의 정보를 제공하며 자연스럽게 홍보하고 매출로 연결시키기도 한다. 결제가 이루어지지 않는 인스타그램에서는 프로필에 자신의 쇼핑몰 등을 연결해두거나 공동구매의 형식을 빌려 상품을 판매하기도 한다.

SNS 플랫폼은 언제든지 열려 있으며 얼마든지 시도해 볼 수 있다. 스마트폰으로 사진 찍고 사람들과 대화하고 팔로워가 늘어나고 상품을

판매하기도 하고 매장이 있다면 방문을 유도하는 것이 결코 큰돈 드는 일은 아니다. 일단은 시작하지 않고 도전하지 않으면 얻을 수 없다.

SNS는 손쉬운 접근과 트렌드의 변화에 적응하는 빠른 속도의 장점을 가지고 있지만 막상 우리가 시작하려고 하면 너무 먼 그리고 커다란 시장처럼 막연해 보인다. 하지만 시도조차 해보지 않는다면 그저 막연한 신기루 같은 존재로만 남을 뿐이다.

일단 시작을 하고 나서는 많은 시간을 할애하여 SNS를 활용한 온라인 마케팅을 위해 노력하고 배우고 습득해야 한다. 시간에 대한 투자와 실제로 마케팅 방법을 적용하고 실천하는 것이 굳은 결심이 필요하다. 투자와 결심이 있다면 당신은 반드시 성공할 수 있다. 하루 매출 3,000만원이 결코 허황된 숫자가 아님을 알게 될 것이다.

처음에는 SNS를 좀 더 잘 활용할 수 있기를 바라는 마음에 펜을 들었다. 실제 SNS를 통해 자신이 팔고 있는 상품 홍보에 대한 감각이 없는 사람들을 위해, 인플루언서가 되고 싶은 누군가를 위해, 새로운 시작을 위해, 창업을 준비하는 사람들을 위해 SNS를 어떻게 운영하며 상품을 팔고 홍보하고 팔로워를 끌어 모으며 브랜드를 런칭할 수 있을까에 대한 이야기를 하고 싶었다. 누군가의 성공담처럼 화려할 수도 있지만 그 안에 존재하는 허와 실을 가감 없이 담고 싶었다.

이 책이 모든 SNS를 아우룰 수는 없지만 길잡이 역할에 충실한 가이드가 되기를 바란다.

김용선, 임성준 드림

PART 01
왜 모두가
SNS에 열광하는가

PART 02
인스타그램, 팔로워 수보다
중요한 핵심 마케팅 비법

PART 03 인스타그램을 레벌 업,
페이스북으로 알아보는 핵심 마케팅 비법

왜 모두가
SNS에 열광하는가

SNS 트렌드의 군계일학, 인스타그램

　　우리는 간단한 검색만으로 원하는 정보를 받아볼 수 있는 세상에서 살고 있다. 살림 도구부터 콘서트 티켓 심지어는 어느 두메산골의 맛있는 식당 정보까지 스마트폰 하나만으로 간단하게 찾아볼 수 있는 시대가 되었다. 정보의 홍수시대를 지나 지금은 내가 원하는 것만 원하는 장소와 원하는 위치에서 받아볼 수 있는 완성형 정보의 시대를 살고 있다.

　　SNS 즉 인스타그램이나 페이스북은 이런 완성형 정보를 제공하는데, SNS 이용자는 완성형 정보를 받아 보는 동시에 인스타그램이나 페이스북에 사진이나 영상 등을 올린다. 그들이 올린 사진이나 영상으로 또 다른 누군가는 새로운 정보를 얻게 된다. 이용자이면서 정보의 제공자가 되어 서로 간 소통을 하는 것이다.

SNS 트렌드는 인터넷이나 스마트폰으로 미디어 플랫폼(인스타그램, 페이스북, 유튜브, 카카오톡, 카카오스토리, 네이버밴드, 트위터 등)에서 소통하거나 연결된 사람들의 최신 관심사나 유행을 살펴보는 것으로 알 수 있다. SNS에서 보이는 장소, 음식, 패션 등 다양한 분야의 최신 볼거리와 트렌드를 한눈에 확인할 수 있다.

[그림 1]

[그림 2]

인스타그램에 평소 관심을 가지고 있는 것(글, 그림 또는 영상 등)을 올려놓으면, 게시물을 보고 자신과 관심사나 취미 등이 맞으면 소통하길 원한다. 또한 흥미로운 게시물을 자주 올

리는 다른 사람과 좋아요나 댓글을 통해 소통할 수도 있다. 이런 모든 것이 SNS를 이용하는 일이다.

인스타그램 등의 SNS 사용자들은 개인의 이야기를 넘어서 비즈니스 또는 마케팅 도구로 그 사용 범위를 확대하고 있다. 인스타그램에서 각자 소통하고 있는 사람이나 계정을 꼼꼼히 살펴보자. 사용하는 상품부터 평소 생활까지 사람들이 어떤 생각을 하고 어떤 게시물에 반응하는지를 볼 수 있다. 그 반응을 보고 이야기하고 싶은 것을 더 잘 드러나게 할 수도 있고, 상품을 팔거나 매장을 운영할 때 트렌드를 반영하고 추구하는 방향을 설정할 수 있다.

[그림 3]   [그림 4]   [그림 5]

인스타그램은 IGTV, 추천 카테고리(음식, 스타일, 미용 등)가 주제에 맞게 올라와 있는 게시물 중에서 호응도가 높은 게시물을 선정하여 랜덤으로 우선 노출해준다. 인스타그램에서 추천하는 주제에 맞는 노출을 통해 최신 트렌드를 확인할 수 있는데, 제품을 판매하거나 매장 운영자, 브랜드 매니저라면 인스타그램에서 추천하는 촬영 스타일이나 영상들을 참고하여 트렌트를 반영한 콘텐츠를 제작할 수 있다.

사람이 많은 곳에서는 언제나 많은 이슈와 화제가 생긴다. 쇼핑몰을 운영한다면 어떤 제품을 팔고, 어떻게 많은 사람들을 끌어 모을지 고민해야 한다.

SNS는 관심사가 같은 사람끼리 모인 폐쇄형 SNS부터 많은 사람에게 나의 소식을 알리는 오픈형 SNS가 동시에 존재한다. 가입할 때 인증이 필요한 카페 등은 폐쇄형 SNS이며, 친구만 맺으면 바로 소식을 받아 볼 수 있는 네이버 밴드, 페이스북 페이지, 인스타그램 공개 계정 등은 오픈형 SNS라 할 수 있다. 대부분의 SNS 플랫폼은 오픈형과 폐쇄형을 모두 운영하고 있다.

그동안 인식하지 못했지만 수많은 SNS 플랫폼이 있었고(싸이월드 등) 지금도 많은 사람들이 사용하는 최신 유행의 SNS 플랫폼(인스타그램 등)이 있다. 앞으로 우리가 생각하지도 못한 최신 트렌드를 반영하는 SNS 플랫폼 또한 등장할 것이다.

[그림 6]
일상의 공유와 소통

[그림 7]
제품의 판매

[그림 8]
일상의 공유와 제품의 판매

　인스타그램을 이용해 일상을 공유하며 친구들을 모으고 소통하며 정보 등을 나눌 수 있다. 이후에 모인 팔로워와 더 많은 인스타그램 사용자들을 대상으로 제품을 판매하거나 매장을 소개하는데 이용한다. 또는 계정 운영 시작부터 제품을 판매하기 위해 제품 사진과 영상을 제작할 수도 있다.

　블로그는 주로 일상이나 맛집, 제품 등 다양한 분야의 여러 가지 모습들을 사진과 영상 등으로 소개하고 댓글을 이용해 소통하는 방식으로 운영되고 있다. 일상을 공유하며 여행지 등을 소개하고 계정 운영자의 생각을 담을 수도 있다.

인스타그램의 계정 프로필에는 클릭하면 외부의 쇼핑몰 등으로 이동할 수 있는 링크를 연결할 수 있다. 이 링크를 블로그로 연결하면 웹사이트로 연결되는 링크보다 약간의 신뢰를 주기도 한다. 인스타그램은 사진과 영상은 보여줄 수 있으나 사진에 대한 설명을 자세히 해주지 못하기 때문에 프로필의 링크를 운영 중인 블로그로 연결하면 조금 더 많은 정보와 이야기를 나눌 수 있다.

블로그를 운영해본 적이 있다면 포스팅과 글쓰기, 인친과의 대화 등 소통을 하는 것에 유리한 점이 있다. 물론 블로그 운영 경험이 절대적으로 필요하지는 않으므로 블로그나 SNS 플랫폼을 운영해본 적이 없다고 전혀 걱정할 필요는 없다.

현재 최신 SNS 플랫폼이라 할 수 있는 몇 가지의 플랫폼은 엄밀히 구분되는 각자의 특징적인 면과 공통적인 부분이 모두 존재한다. 예를 들어 운영 방식이나 업데이트 방식의 차이는 있지만 글과 그림, 영상을 업데이트할 수 있는 부분은 공통적이다.

페이스북의 공유 기능, 카카오의 소식 알리기와 선물하기, 조르기, 인스타그램의 스토리, IGTV, 네이버TV의 영상 콘텐츠 보기와 공유하기는 SNS 플랫폼 각자의 고유한 부분이다.

구분	인스타그램	페이스북	유튜브	카카오 스토리	카카오톡 스토어	네이버 밴드
장점	21,000,000의 사용자	15,000,000의 사용자와 10년 이상된 전통의 플랫폼	검색지수 1위, 동영상 정보, 장시간 영상 재생 가능	채널의 커머스 활성화	카카오톡 딜의 다음 메인 노출	폐쇄형 운영가능, 회원 이탈율 적음
약점	인사이트의 분석이 없음	수많은 해킹. 가짜 계정, 낮은 연령대 사용자	광고	너무 많은 트래픽으로 소식 전달 저하	카카오 톡딜에 선정되지 않을 경우 매출 저조, 카카오 플러스 친구 수에 따라 매출 좌우됨	회원 이탈율은 다른 플랫폼에 비해 적으나 상대적으로 매출 감소 추세
주요 사용자	20대 중반 ~ 50대 중반	주로 학생 연령층	10대~50대	30대~40대	30대~40대	30대~40대
커머스 활성화 정도	2019년 10월 현재 정점이라 볼 수는 없으나 1년 내내 최대 활성화	2017년 정점을 찍었으며 2019년 현재 저하되는 추세	직접 상품 판매는 매우 저조하며 상품 정보 안내는 매우 활성화되어 있음	2019년 10월 현재 전체적으로론 매출 감소 추세	2019년 10월 현재 활성화 단계로 진입	매출 감소 추세 (입점 밴드로 전환 중인 밴드가 많아짐)
게시물 공유 기능	내 계정에는 공유가 안됨(내 친구에게는 공유 시킬 수 있음)	있음 (매우 강력)	가능	가능	가능	가능

[표 1] SNS 플랫폼 비교

그러면 인스타그램은 어떻게 SNS의 군계일학이 되었을까? 의외로 답은 간단하고 명료하다.

[그림 9]
businee.instargram.com

[그림 10]
DM(Direct Message)

[그림 11]
좋아요(하트), 댓글, 해시태그

10억 개 이상의 계정이 있고 DM을 이용해 소통할 수 있으며 좋아요, 댓글, 해시태그 등 소통에 최적화되어 있다. 그리고 전문가의 도움 없이도 운영을 할 수 있다. 인스타그램은 스마트폰을 가지고 있으면 누구나 사진과 간단한 영상으로 일상이나 판매하는 제품을 노출하고 간단하게 운영할 수 있다는 큰 장점이 있다.

인스타그램이 SNS 트렌드를 빨리 읽어내고 쏙쏙 집어낸다는 것은 그만큼 사용자들이 빠르게 반응하고 최대한 빠른 속도로 많은 이용자에게 소식을 알린다는 점이다.

SNS 플랫폼 최대의 장점은 간단한 조작만으로 많은 노출을 시킨다는 점인데 이 부분에 있어 인스타그램의 가입자 수를 본사 공식 홈페이지에서 다음과 같이 설명하고 있다.

[그림 12]

매월 활발하게 활동하는 계정의 수가 10억 개 이상이며 그중에서 활발한 활동을 하면서 비즈니스 계정을 팔로우 하는 숫자가 80% 이상이다. 또 인스타그램에서 매출 활동, 브랜딩 활동을 하는 비즈니스 계정의 소식을 받아보는 계정의 수가 8억 개 이상이다. 다만 아쉬운 점은 이 8억 개 이상의 계정 중에 한국에서 활동하는 한국인 계정을 볼 수 있는 지표가 공식적으로 없다.

페이스북은 타켓 인사이트를 이용하면 한국인 계정 수와 주요 관심사에 대한 부분을 파악할 수 있다. 인스타그램의 운영사가 페이스북이기 때문에 언젠가는 통계 수치를 제공하지 않을까 예상할 뿐이다.

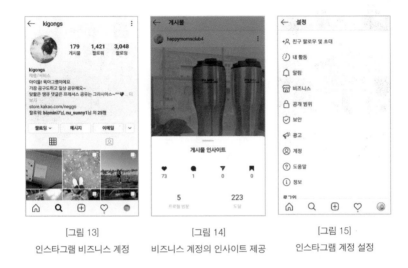

[그림 13]
인스타그램 비즈니스 계정

[그림 14]
비즈니스 계정의 인사이트 제공

[그림 15]
인스타그램 계정 설정

인스타그램 비즈니스 계정은 사업자등록을 하고 상품 판매나 브랜딩 활동을 하는 계정이 아니다. 하지만 마케팅, 홍보 등을 이용하기 위해 페이스북과 연결하여 게시물을 광고하고 홍보를 진행할 수 있다. 비즈니스 계정일 경우 노출이 떨어진다는 이야기가 있으나 공식적으로 알려진 부분은 없다.

다음의 계정들은 상품운영에 목적을 두고 있으며 또한 적지 않은 매출을 발생시키고 있는 인스타그램 비지니스 계정이다.

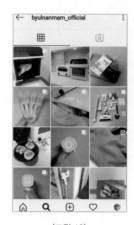
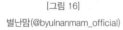

[그림 16]
별난맘(@byulnanmam_official)

[그림 17]
공구몬(@09mon88)

[그림 18]
보스맘(@bossmom_329)

　[그림 16]의 별난맘은 주로 인테리어, 육아, 일상, 제품 등을 공유하고 공동구매하는 계정이다. 인스타그램 이용자를 DM 등으로 개별 주문받지 않고 쇼핑몰로 연결시킨다. 주 고객인 여성들이 필요로 하는 제품을 빠르게 섭외하고 공동구매를 운영하여 직접 매출을 올리고 있다.

　[그림 17]의 공구몬은 제품 구매가 가능한 프로필 링크를 네이버 스마트스토어로 연결하여 인스타그램 이용자와 스마트스토어 이용자 모두 공략하고 있다. 공동구매의 개념보다는 많은 제품을 수시로 등록하여 제품을 알리고 판매하는 방식이다.

　[그림 18]의 보스맘은 주부가 운영 중인 계정이다. 제품 판매보다는 일상 등을 공유하고 재밌고 흥미로운 콘텐츠 위주로 운영을 하다가

가끔 섭외되거나 판매를 요청하는 제품 공급사의 제품 등을 주로 판매한다. 제작된 사진이나 영상을 올리기보다는 샘플을 제공받아 본인의 컨셉에 맞도록 촬영하고 운영한다. 개인이 운영하는 계정이 인스타그램에는 무수히 많다. 누구나 이러한 방식의 개인 운영자가 될 수 있다.

앞서 설명한 별난맘, 공구몬, 보스맘뿐만 아니라 해피맘스, 해피천사, 맘스맘 등도 비슷한 운영 방식을 통해 실제 매출을 발생시키고 있다. 누구나 인스타그램을 활용한다면 원하는 매출을 충분히 달성할 수 있다.

인스타그램으로
무엇을 할 수 있나

여러분이 인스타그램에 관심을 가지고 계정을 운영하려는 이유는 무엇인가? 단순하게 답을 내려보면 SNS를 활용하여 제품을 판매하고 이익을 발생시키는 것이 목적일 듯하다.

인스타그램을 비즈니스에 사용하면 사진과 영상을 가지고 직관적으로 제품을 판매할 수 있다. 또한 팔로워 수가 많으면 브랜드를 만드는 셀럽이 될 수도 있고, 브랜드를 알릴 수도 있다. 이러한 영향으로 요즘에는 인플루언서의 영향력을 무시하지 못한다.

[그림 1]
사진과 영상으로 제품 판매

[그림 2]
브랜드를 만드는 셀럽

[그림 3]
브랜드를 홍보

쇼핑몰 운영자라면 물건을 판매하고 수익을 창출하려는 목적이 있을 것이다. SNS 셀럽이 되고 싶다면 트렌드를 주도하는 사람이 되고자 할 것이고 브랜드를 운영하는 사람들은 브랜드를 많은 사람들에게 알리는 활동을 할 것이다. 매장을 운영할 경우에는 매장과 상품 등을 알리면서 장점을 드러내 많은 고객을 유치하고자 할 것이다.

인터넷 혹은 SNS 플랫폼에서 상품을 판매하는 방법으로는 쇼핑몰(자사몰), 네이버 스마트스토어, 카카오톡 스토어, G마켓 등의 오픈마켓이 있다. 여기에 쿠팡, 위메프 등의 소셜마켓과 각 분야의 수많은 인터넷 쇼핑을 위한 플랫폼이 있다.

단순한 원리지만 결제가 이루어지는 플랫폼은 인터넷 쇼핑몰이라고 할 수 있다. 모바일, SNS는 결제가 이루어지지 않는 플랫폼이 많고 인스타그램과 페이스북도 결제가 불가능하다. 하지만 바로 결제로 이어지지 않더라도 SNS에 샵의 이름이나 제품 사진 등을 게시할 수 있다. 사진이나 영상을 운영하는 SNS 계정에 올리고 구매가 가능한 링크 (온라인 쇼핑몰 주소)를 제공하면 된다.

인스타그램의 경우 팔로워가 많지 않으면 제품 판매를 위해 많은 인스타그램 이용자에게 소식을 알리기 위해 광고비를 지불하고 광고를 한다.

[그림 4]   [그림 5]   [그림 6]

꾸준히 상품 사진이나 영상을 게시해 인스타그램 친구에게 어떤 활동을 하는지 보여준다. 해시태그를 게시물에 붙여 운영 중인 쇼핑몰로 보내거나 페이스북 샵에 상품을 등록할 수도 있다. [지금 구매하기]를 누르면 운영 중인 쇼핑몰로 이동하여 모바일에서 구매도 가능하게 한다.

그럼 인스타그램과 페이스북에서 매출이 나온다고 하는데 도대체 어디서 나오는 결과를 가지고 이야기하는 것일까? 대부분의 쇼핑몰 데이터 분석에서는 인스타그램, 페이스북 등 어떤 플랫폼을 통해 쇼핑몰로 접속이 되었는지 알려주는 로그Log를 제공한다.

채널	매출액	유입수	구매전환율
페이스북	0	9	0%
인스타그램	428,500	2,173	1%
카카오톡	24,500	36	3%
카카오스토리	0	16	0%
네이버블로그	0	0	0%
네이버밴드	0	0	0%
기타채널	0	0	0%
직접유입	48,500	228	1%

[그림 7] 인터넷 쇼핑몰의 유입량 및 매출 전환율 그래프와 실적

이 로그를 근거로 '아~ 인스타그램에서 접속된 숫자가 이정도 되고 매출이 나오는구나.'를 통계로 낼 수 있다. 광고를 운영했을 경우 광고에 의한 접속 수에 따라 매출을 분석하기도 하는데 가장 근거 있는 추

측은 아이러니하게도 인스타그램의 댓글 또는 DM 등을 통한 반응으로 추측하는 것이 가장 정확하다.

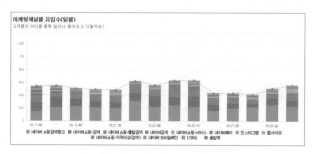

[그림 8] 네이버 스마트스토어의 통계 분석

마케팅적인 데이터를 따지자면 댓글의 반응만으로 추측하는 것은 정확한 분석일 수 없지만 사실 마케팅에 의한 매출 분석이란 용어가 논리와 맞지 않는다. 마케팅은 숫자일 뿐이며 매출이 판매에 있어 가장 중요한 지표이다.

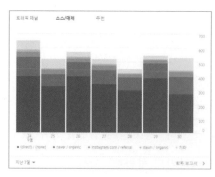

[그림 9] 구글 애널리틱스

인터넷 쇼핑몰엔 수많은 제품이 등록되고 판매를 위한 새로운 제품들이 계속 노출된다. 쇼핑몰에서 판매를 하기 위해서 등록된 상품의 질이 좋고 가격이 적당하며 배송 또는 서비스가 좋은 것도 중요하지만, 결국 고객을 유치하는 것이 핵심이다. 지금 이 시간에도 많은 판매자가 고객을 유치하기 위해서 끊임없는 활동을 하고 있다.

쇼핑몰의 고객은 쇼핑을 하기 위해 쇼핑몰 플랫폼에 가입한다. 그리고 제품을 구매하는 곳으로 쉽게 연결된다. 문제는 판매자가 고객을 유치하기 위해 어디서, 어떻게 활동을 해야 하는지 알 수 없기 때문에 여러 가지 플랫폼을 이용하게 된다.

[그림 10]
인스타그램 게시물

[그림 11]
쇼핑몰 연결

[그림 12]
제품 구매

그렇다면 판매 플랫폼인 쇼핑몰에서 광고와 홍보를 직접적으로 운영하면 쇼핑하는 고객에게 더 많이 알리고 판매를 할 수 있지 않을까?

왜 굳이 인스타그램이나 페이스북, 카카오스토리 등 SNS에서 친구를 모으고 광고를 해야 할까?

옥션, 지마켓 등 쇼핑몰 플랫폼에서의 광고비용은 가격대가 높은 편이다. 쇼핑몰은 제품을 직접적으로 검색하거나 구매할 때만 보게 된다. 그래서 1일 1회 이상 접속이 이루어지지 않아 통계가 잘 나오지 않는다.

[그림 13]   [그림 14]   [그림 15]

그러나 인스타그램이나 페이스북, 트위터 등 모바일 SNS는 하루 평균 4회 이상 접속한다고 한다. 사용자의 스마트폰에서 계속 구동되고 있기 때문에 하루에 몇 번을 들여다보는지를 숫자로 파악할 수 있다. 지금 이 시간에도 SNS는 구동되고 있다. 쇼핑몰의 알람은 꺼두는 경우가 많지만 인스타그램에서 날아오는 알람은 꺼두지 않는 경우가 많고 자주 접속한다.

그렇다면 인스타그램을 보는 첫 번째 이유가 상품 구매인가? 아니다. 그럼 인스타그램 친구가 어느 날 "저 공구해요."라고 글을 남긴다고 친구를 끊어버릴까?

계정 운영에 따라 다르겠지만 인스타그램 계정을 운영해본 결과 팔로우를 취소하는 경우는 많이 발생하지 않는다. 인스타그램에 쇼핑하러 접속하는 비율은 높지 않다. 하지만 관심사와 잘 맞는 제품 정보가 올라오면 어느 순간 누르게 된다.

[그림 16]

[그림 17]

인스타그램을 실행했을 때 평소 관심을 가지고 있던 제품이나 브랜드, 레스토랑 등의 소식이 올라오면 한 번 더 보게 된다. 마케팅에서는 이러한 것을 타겟, 리마케팅, DA_{Dinamic AD}, 전환 등의 용어로 표현한다. 정규 쇼핑몰이 아닌 SNS 활동을 하는 플랫폼에서는 상품 판매나 매장 유입 등이 주목적은 아니기에 리타겟팅 광고와 전환에 비중을 크게 둘 필요는 없다.

광고비용을 투자하면 더 많은 노출을 이끌어낼 수 있고 고객유치를 더욱 빠르게 할 수 있으나 이는 운영자의 몫이자 선택사항이다. 고객을 모으기 위한 인스타그램 활동은 광고비용의 투입 없이

[그림 18]
인스타그램 홍보 운영 게시물

[그림 19]
인스타그램 홍보를 운영하지
않은 게시물

시간을 투자하는 노력으로도 가능하다. 왜냐하면 수많은 가입자가 활동하는 인스타그램이기 때문이다. 사진과 영상 등으로 고객을 유치하고 스스로를 드러내는 것이 충분히 가능하다. 하지만 소통이 빠져서는 안된다.

경험을 바탕으로 보면 인스타그램에서는 제품 정보와 사진을 보면 3초 이내에 인지하고, 5초 이내로 버튼을 클릭하는 충동적 구매 활동이 활발하게 발생한다.

인스타그램은 최소 1장의 사진과 짧은 영상으로 제품을 알릴 수 있다. 광고, 홍보 그리고 각종 이벤트를 이용해 제품을 사람들에게 알리고 동시에 쇼핑몰 등 구매가 가능한 웹사이트로 유입시킨다. 실제로 이러한 방식을 이용한 쇼핑몰이 무수히 생겨나고 있다.

사람은 사물보단 사람에 반응한다. 판매자는 상품에 관해 이야기를 하지만 사람이 주체가 된다. 먹거나 입거나 화장을 하는 활동에 상품 그 자체보다 더 흥미를 가지며 소통 하고자 노력한다.

[그림 20]

[그림 21]

인스타그램 플랫폼은 1장의 임팩트 있는 사진이 매우 중요하다. 사진을 통해 사람들과 소통할 수 있어 사진 찍기를 좋아하거나 브랜드를 만들고자 하는 사람들에게 최적화된 플랫폼이다.

인스타그램 계정을 보고 사람들이 남긴 댓글을 통해 소통하는 친구는 댓글이 많은지, 신발이 예쁜지, 고구마가 맛있는지 보단 계정의 운영자와 소통하는 것이며 이러한 소통이 인지도로 이어진다. 인스타그램 계정을 운영하다 보면 게시물 등에 좋아요를 눌러주거나 댓글을 달아주고 자주 소통하는 친구들이 생긴다. 게시물에 달린 댓글을 보고 '아! 이 친구는 내가 아는 친구지! 그럼 나도 댓글을 달아줄까?'라고 생각한다. 꾸준히 소통하는 팔로워 1명이 게시물만 보고 좋아요만 누르거나 기계적으로 팔로워를 누르는 사람들보다 더 충성도 있게 소통하며 계정 운영에 응원을 보내준다.

[그림 22]   [그림 23]   [그림 24]

소통하는 팔로워가 중요하다. 직접 소통하며 맺은 팔로워 1,000명 아니 100명이 내가 올리는 사진과 동영상에 직접적인 신뢰를 보내준다. 소통하지 않고 누구인지 잘 모르는 불특정 다수의 팔로워 1만 명보다 낫다.

브랜딩, 사람에게 인지시켜라

좋은 제품, 멋있는 콘텐츠, 맛있는 음식을 판매하는 매장, 브랜드를 가지고 있지만 판매부진, 홍보 부족, 인지도 부족은 상품을 판매하는 사람들이 한 번쯤은 겪어 보았을 문제이다.

브랜딩이란 결국 사람들이 알게 만드는 활동이다. 수많은 광고방식을 따르고 많은 비용을 투입하였지만 체감할 만큼 사람들이 다가오지 못하면 실패라고 급하게 판단을 내리기 쉽다.

성공적인 브랜딩은 인지도가 쌓였다는 이야기다. 무엇을 하는 브랜드인지 설명하지 않아도 알 수 있을 정도가 되어야 한다. 결국 브랜딩은 사람에게 인지시키는 행위이며 사람이 많은 곳에서 해야 한다.

대략적으로 대한민국에서 활동하는 인스타그램 계정 수는(인스타그램 광고 타겟팅의 대상 가입자 수) 약 2,100만 개 이상이다. 인스타그램을 이용해 자신의 이야기를 1,000만 명 이상의 팬과 고객에게 알릴 수 있다고 상상해 보자.

큰돈 들이지 않고도 셀 수 없이 많은 사람들에게 나의 브랜드를 노출시키고 홍보하는 기회가 주어지면 얼마나 짜릿할까. 생각만으로 입가에 미소가 떠워진다.

오프라인 매장은 실제로 보여주어라

인스타그램 최대의 장점은 단순한 사진 1장을 최대한 많은 사람에게 노출시키고 매출로 연결시킬 수 있다는 것이다. 그러나 오프라인에서 매장을 운영하는 경우 매장을 어떤 식으로 보여주고 어떻게 노출시키며 고객을 모아야 하는지 고민하게 된다.

인스타그램에는 매장 사진이나 영상 등을 내가 위치한 곳을 중심으로 친구들에게 보여줄 수 있도록 위치 선택이 가능하다. 매장의 위치를 중심으로 근처에만 광고를 보낼 수도 있다. 물론 이 서비스는 인스타그램이나 페이스북의 타겟 설정으로 가능하다. 또 인스타그램 프로필에 위치를 표시할 수도 있다.

[그림 25]
위치 추가

[그림 26]
내 위치 입력

[그림 27]
페이스북 위치 기반 서비스

이 서비스는 운영 중인 매장의 아이템과 관심사가 비슷한 친구에게 매장의 위치와 더불어 관심사를 보여줄 수 있다. 게시물 등록 시에 위치가 자동으로 표시된다. 위치를 선택하면 게시물은 내 위치를 중심으로 팔로워 중 가까운 위치에 있는 사람과 관심사가 비슷한(해시태그의 기능) 사람에게 먼저 노출된다.

주로 음식점들을 대상으로 하던 이 마케팅 방식은 위치 기반 서비스란 신선함을 주었고 나름 성공한 마케팅 방식으로 자리 잡았으나 현재는 서비스의 방향이 많이 바뀌었다. 그러나 오프라인 매장 위치 기반 서비스는 인스타그램을 운영하면서 다시 주목을 받는 서비스로 자리 잡아 가고 있다.

1 제품 판매, 브랜드 인지도, 셀럽 되기, 오프라인 매장 홍보하는 것을 목적으로 인스타그램을 운영한다면 반드시 카테고리를 운영 방향에 맞게 설정해야 한다.

2 운영 방향에 맞는 콘텐츠(사진, 영상 등)를 만들어야 한다.
(Creative가 아닌 Making in Made 해야 한다.)

3 만들어진 콘텐츠를 인스타그램 친구들에게 많이 많이 알린다.

4 하고 싶은 이야기를 하지 말고 듣고 싶은 이야기를 해주어야 한다. 운영자로서 설명을 하려 하지 말고 인스타그램 친구가 듣고 싶은 이야기를 해야 한다. (인스타그램 친구는 이미 판매하는 제품, 매장, 브랜드, 일상까지 알고 있다.)

5 소식을 확장할 경우엔 광고나 홍보를 적극적으로 이용한다.

6 1,000명 수준의 인스타그램 친구가 모일 때까지는 이들과 반드시 소통하고 활발한 활동을 해야 한다.

7 팔로워 숫자가 절대적인 부분은 아니지만 나를 알릴 수 있는 기본 숫자이므로 팔로워를 늘리는 데 최선을 다해야 한다.

준비부터 다르게
시작은 빠르게

'3초 정도 보고 3번 정도 넘기고 3초~6초 정도의 광고성 콘텐츠는 참아준다.'

마케팅 이론이라기보다는 필자의 경험에서 나온 생각이다. 찬찬히 살펴보면 SNS에서 '3'이라는 숫자가 공통적으로 적용되고 있다는 것을 알 수 있다. 상품 판매가 목적일 경우 상품 구매성향이 높거나 클릭율 높은 고객 모으는 것을 고객모수를 모은다고 하는데, 고객모수를 모으는 노출과 도달에는 일정한 기준이 있다.

노출이란 소식을 보는 것과 상관없이 무작위로 보여지는 것이며,

도달이란 노출된 나의 소식을 일정 시간 보거나 클릭한다거나 하는 등 일정한 기준의 조건에 맞는 것을 말한다.

[그림 1]

팔로잉 하는 사람이나 관심을 가진 분야의 게시물을 얼마나(시간) 보고 있는가?

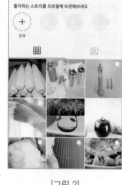

[그림 2]

관심 있는 분야의 계정(프로필)을 방문했을 때 게시물을 몇 번이나 스크롤하여 넘겨버리는가?

[그림 3]

유튜브 등 광고를 보는 시간은 얼마나 참아줄 수 있나?

노출보단 도달에서 이 기준을 찾아보기 쉽다. 노출은 휙 지나가는 콘텐츠이며 도달은 콘텐츠를 인지했을 경우를 나타낸다. 이 인지의 기준은 사진이든 영상이든 약 3~5초이다. 조금이라도 관심 있는 콘텐츠를 보는 시간이 어느 정도이고, 콘텐츠에 대한 인지로 이어져 광고를 클릭하고 프로필로 접속하여 보는지를 짚어볼 필요가 있다.

SNS 플랫폼들은 많은 노출과 도달로 인한 클릭을 유도한다. 클릭 수 대비 상품 매출의 증감 폭을 계산하며 매장 방문지수 등을 분석하고 이런 데이터를 기반으로 재노출과 리타겟팅, 리마케팅을 하게 된다. 그러나 노출과 도달 이전에 쉽게 놓치는 부분이 있다. 내가 보낸 소식을 나의 인스타그램을 방문하는 모든 친구들이 볼 수는 없다.

수년 간 페이스북, 인스타그램, 트위터, 유튜브 등을 운영해본 경험으로는 사람들이 계정을 방문하면 3번 정도 아래위로 스크롤해서 본다. 대략 3초 정도 안에 관심있는 사진 또는 영상인지 판단하고 확대하거나 눌러본다.

[그림 4]	[그림 5]	[그림 6]

인스타그램 피드 및 영상

여기서 한 가지 의문이 든다. 과연 3초 안에 사진이나 영상을 설명하고 이해를 시키며 매장 방문을 유도할 수 있을까? 바로 여기서 인스타그램의 최대 장점이 발휘된다.

[그림 7]
페이스북 게시물

인스타그램 프로필을 방문해 피드를 보거나 IGTV 등 영상을 볼 때는 글보다 그림과 영상이 먼저 눈에 띈다. 반대로 페이스북의 노출 형태는 글이 먼저 나오며 이미지가 아래에 노출된다.

인스타그램 사용자는 글보다는 시각적으로 보이는 것에 먼저 반응한다. 대부분의 플랫폼들은 게시물 설명이 먼저 보이고(더보기 등) 하단에 사진이나 영상물을 게시한다. 하지만 인스타그램은 항상 사진이나 영상이 먼저 오고 하단에 글이 게재된다. 이 부분이 인스타그램에서 아주 중요한 부분이다. 눈에 띄는 사진이나 영상, 설명 1~3줄로 더보기를 누르게 만들거나 프로필로 방문하도록 유도해야 한다.

여기서 중요한 것은 하고 싶은 이야기보단 듣고 싶어 하는 이야기를 해야 한다. 페이스북과 인스타그램을 살펴보면 3초 이상 조회, 3초 이상 누적 조회, 3초 이상 본 사람에게 우선 노출이란 용어를 자주 볼 수 있다.

통계로 잡히는 기본 즉 도달이란 용어는 3초 이상의 행동이 발생한 숫자를 이야기한다. 그럼 우리는 3초 안에 사진 1장에서 10장 사이 또는 3초 이상의 영상으로 관심사를 발생시켜야 하는데 과연 가능한가?

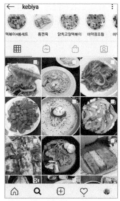

[그림 8]
하이포유(@hi4_you)

[그림 9]
맛의고수(@kebiya)

[그림 8]과 [그림 9] 계정의 피드를 스마트폰으로 보고 있다고 생각해보자. 매우 짧은 시간에 아래위로 스크롤하며 피드를 살펴볼 것이며 관심이 가는 사진을 클릭하고 글을 보는 시간은 확신하건데 3~5초 사이일 것이다. 그리고 구매 욕구가 생기는 사진일 경우엔 이미 좋아요를 눌렀거나 댓글을 남기고 있을 것이다. 알리고자 하는 콘텐츠마다 특성이 다르겠지만 웬만한 사진이나 영상을 보면 어떤 것을 보여주고자 하는지 사람들은 알고 있다.

올린 사진이나 영상 또는 게시물이 아니라 관심을 가지고 있는 주제의 영상이나 사진을 얼마나 보고 있었는지 생각해보자. 만약 영상을 보고 있다면 3초 이상 보는지, 3초 이하를 보는지 확인해보라. 유튜브 광고영상도 5초~6초이다. 많은 사람들은 광고를 다 보기도 전에 건너뛰기를 누른다. 많은 인스타그램 사용자가 프로필을 클릭하고 들어와서 일상 또는 브랜드를 보고 반응한다는 착각(?)을 하기 때문에 카테고리에 대한 스토리텔링을 하려 한다. 물론 스토리텔링을 반드시 해야 할 경우도 있지만 인스타그램 사용자는 보고 싶은 것만 보고 듣고 싶은 것만 듣는다.

[그림 10]과 [그림 11]은 사과를 주제로 하는 게시물이다. 좋아요를 누른 사람은 과연 프로필로 들어오거나 게시물 더보기를 눌러 글을 모두 살펴보았을까?

[그림 10]
좋아요 숫자는 많지만 댓글로 소통하는 사람은 적다

[그림 11]
좋아요 숫자는 적더라도 소통하고자 하는 댓글 수가 많다

게시물과 프로필의 컨셉마다 당연히 글 내용은 달라지겠지만 계정에 자주 들어오고 소통하는 팔로워는 어떤 글에 반응하는지 살펴보고 컨셉을 정하여야 한다. 예를 들어 게시물에 '사과는 빨갛게 보이지만

사실 다른 색이에요! 무슨 색일까요?' 하고 게시물과 관련된 내용을 묻는 것과 '이 사과는 홍로인데 꿀이 이렇게 많이 들어 있고 맛있어요.' 하고 내용을 설명해주는 것 중에 어떤 것에 더 반응하는지 파악할 필요가 있다.

[그림 12]　　　　　　[그림 13]　　　　　　[그림 14]

올린 게시물을 보고 프로필에 있는 사이트를 방문해 구매까지 이어질 확률은 얼마나 될까? 경험을 토대로 보자면 팔로워에게 콘텐츠가 알려지는 건 대략 7~20% 정도이다. 이 중에 인스타그램 프로필을 방문하는 숫자는 7~20%의 10~20% 정도 밖에 되지 않는다.

팔로워가 1만일 때 팔로워 700~2,000명에게 전달된다. 이 중 프로필을 방문하는 친구는 70명~400명 수준이라는 이야기이다. 낮은 확률임에도 계속 해야 할까? 당연하다. 팔로워와 소통 등 여러 가지 노력에 더해 프로필을 방문하게 만들기 위한 광고와 홍보의 힘도 이용해야 한다.

[그림 15] 광고 데이터

[그림 15]는 광고 데이터이다. 이 데이터를 근거로 성별, 연령대, 노출 플랫폼을 분석하고 운영할 수 있도록 한다. [그림 16]은 인스타그램의 광고 데이터가 포함된 운영 데이터를 볼 수 있는 인스타그램 계정 인사이트다.

[그림 16]
인스타그램 인사이트

광고 데이터와 운영 데이터에 표시되는 숫자를 근거로 해서 숫자에 중점을 둘 건지 콘텐츠에 중점을 두는지를 고민해 봐야 한다. 결국 사람은 콘텐츠에 먼저 반응을 하게 되어 있다. 잘 만든 콘텐츠와 잘못 만들어진 콘텐츠라는 것은 없다.

조회를 많이 하거나 많이 보는 콘텐츠는

잘 만들어진 콘텐츠이며 조회수가 적은 콘텐츠는 잘못 만들어진 콘텐츠라고 이야기할 수도 있다. 하지만 잘 만들어진 것과 잘못 만들어진 것이 아니라 제품이나 매장 등의 주제에 맞는 콘텐츠를 콘텐츠와 맞는 사람들에게 보여주었는지 아닌지의 문제로 인식하고 제작해야 한다.

자주 소식도 올리고 하루에 한 번 이상 꼭 친구 추가도 하는데 팔로워가 잘 늘어나지도 않고 매출 또한 발생하지 않을 수도 있다. 왜 그럴까? 게시방법이 잘못됐나? 콘텐츠가 안 맞나? 광고를 해볼까? 팔로잉은 많이 하는데 왜 나를 팔로우하지 않을까? 등 수많은 생각을 하게 된다. 그리고는 '인스타그램과 안 맞아.'라고 생각하며 포기한다.

대부분의 사용자들은 인스타그램 계정을 만들고 사진이나 영상을 업데이트하고 비슷한 관심사를 가진 사람들을 팔로우 한다. 이렇게 만들어진 팔로워를 기반으로 광고나 홍보 등을 이용해 매출을 올리거나 방문자를 유도한다는 생각을 가지고 계정을 운영한다. 그래서 제품과 제품의 사용법, 매장 위치, 가격, 탄생 배경 등을 구구절절 설명한다. 그리고 이를 게시물로 남긴다. 자꾸 내가 하고 싶은 이야기를 하고 스토리를 만들어간다. 팔로워는 제품이나 매장의 스토리에 관해서 전혀 궁금해 하지 않으며 관심 있는 분야만 보려 한다.

제품이나 매장 등에 관한 설명은 제품을 구매할 수 있는 쇼핑몰 또는 블로그 등에서 너무나 상세하게 만날 수 있다. 인스타그램에서는 이러한 스토리보다는 한 번에 꽂히는 그림이나 영상을 원한다. 스토리를 설명하지 않고 제품을 판매하거나 매장 방문을 유도할 수 있다는 것이 안 믿기는가? 이미 계정에서 사진과 영상을 통해 충분히 스토리를 설명하고 있기 때문에 제품 판매나 매장 이벤트 등을 알리고자 할 때 스토리를 만들어 가면서 설명을 할 필요는 없다. 단지 판매 또는 고객유도의 요점만 설명하면 된다.

중요한 것은 인스타그램 운영 방식이 제품 판매인지, 매장 방문 유도인지, 브랜딩인지를 정확하고 분명하게 보여주어야 한다. 하고 싶은 이야기보다는 사람들이 듣고 싶어 하는 이야기를 들려주고 있는지를 생각해 보아야 한다. 그리고 계정이 하고 있는 이야기가 피드에 있는 게시물과 일치하는지를 살펴보아야 할 것이다.

카테고리를 분명히 하라

카테고리를 분명히 하라고 하는 건 판매면 판매, 브랜딩이면 브랜딩, 매장 방문 유도이면 매장 방문 유도를 분명한 컨셉을 가지고 일관성 있게 운영해야 한다는 이야기다. 또한 타겟도 일관성 있게 정확히 가지고 있어야 한다. 팔로워 수 대비 프로필 방문으로 이어지는 수가 적더라도 프로필을 방문하는 사람들이 매력에 빠지게 해야 한다.

[그림 17]

[그림 18]

[그림 19]

[그림 20]

올리는 콘텐츠가 하루는 상품이었다가 다음날엔 여행사진, 먹방 등 일관성이 없으면 소식을 받아보는 팔로워는 혼란스러울 수 있다. 타겟의 폭이 너무 넓어져 오히려 이도저도 아닌 상황이 된다.

제품 판매나 공구나 매장 사진 등 꾸준하게 비슷한 컨셉의 게시물을 올리면 팔로워는 여러 번 게시물을 보다가 프로필로 방문을 하게 된다. 그러면 이전 게시물도 찾아보고 또 비슷한 콘텐츠를 좋아하는 사람에게 지속적으로 노출되어 리타겟의 효과도 노릴 수 있게 된다.

인스타그램 팔로워를 모으는 방법은 애견, 애묘, 육아, 음식, 맛집,

일상 등의 콘텐츠를 게시하는 것이다. 이러한 게시물을 위주로 비슷한 관심사를 가진 팔로워를 모은 후 상품 판매 또는 매장 유입 유도로 운영하면 된다.

[그림 21]   [그림 22]   [그림 23]

상품 판매를 하기 위해 인스타그램 고객센터를 보면 다음과 같은 글이 나온다. (https://help.instagram.com)

"인스타그램 샵기능을 이용하거나 상품 판매를 위해서는 계정에 게시물이 상품으로 구성되어 있어야 합니다."

그러면 인스타그램에서 상품판매 기능이 있는 샵기능에 대해 알아보자.

인스타그램에서 게시물을 보고 제품을 구매하려면 제품을 자세히 보기 위해 링크를 클릭하고 인스타그램 계정의 샵에서 페이스북 페이지의 샵을 통과해 웹으로 구매하기 링크를 눌러서 방문하는 과정이 필요하다.

[그림 24]　　　[그림 25]　　　[그림 26]　　　[그림 27]

하지만 인스타그램 게시물 또는 피드에 하얀 쇼핑백 가방이 붙어 있는 게시물은 광고를 하지 않아도 상품 판매 링크 페이지로 이동할 수 있다. 인스타그램 계정의 프로필 링크를 제외하고는 게시물 클릭 한 번에 상품으로 바로 갈 수 있는 유일한 방법이다. 이 방법은 페이스북 페이지의 샵과 연결이 되어 있어야 하며 몇 가지 상품 판매 가이드라인을 준수해야 한다.

#샵태그가 붙여진 게시물은 광고나 홍보를 할 수 없으며 팔로워

에게 자연스럽게 도달되는 7~20% 노출 또는 도달보다 훨씬 적은 약 5%~10% 내외로 도달된다. 게시물의 측면만 볼 때는 #샵태그를 운영하는 것은 썩 좋은 선택이 아닐 수 있지만 팔로워가 프로필 링크로 이어지는 수가 많다면 #샵태그를 사용하는 방식도 고려해 볼만하다.

참고할 만한 게시물을 올리는 팔로워들이 #샵태그를 얼마나 활용하는지도 살펴봐야 한다. 개인적으론 팔로워 수가 2~5만 이하의 계정에선 권장하지 않는다. #샵태그를 이용하지 않아도 시간과 노력을 투자하면 만족할만한 성과는 충분이 올릴 수 있다.

그렇다면 인스타그램은 상품인지 아닌지를 어떻게 알 수 있을까? 상품으로 게시물을 올리지 않았기 때문에 지금까지 모은 팔로워에게 상품을 팔 수 없을까? 정리하자면 상품 판매를 위해서는 페이스북 샵과 연결하는 것이 좋고 인스타그램에서 상품을 판매하기 위해서 광고와 홍보(#샵태그가 붙어있는 게시물을 제외한)를 이용하라는 뜻이다.

인스타그램 계정의 비즈니스 카테고리를 선택할 때 제품/판매 또는 브랜드 카테고리를 선택해야 한다. 그리고 페이스북 페이지를 만들어 상품을 등록하고 인스타그램 계정과 미리 연결을 해놓아야 한다. 제품, 공동구매, 브랜딩, 일상 등 운영할 계정의 사진이나 영상을 일관성 있는 컨셉Concept 으로(가급적 배경과 스타일은 통일성 있게 제작하고) 게시해야 한다.

첫 번째 게시물은 제품 사진을 보여주고 두 번째 게시물에서 제품의 히스토리와 사용 방법을 설명하고 매장 곳곳의 사진을 보여주는 등 스토리텔링을 하기도 한다. 이러면 사진이나 영상을 인스타그램 스토리에 맞추어 제작하는 성향이 강해진다.

인스타그램에서 팔로워는 보고 싶은 걸 보려 한다. 제품이나 매장의 스토리에는 관심이 없다. 게시물에서 스토리텔링을 할 필요는 없다. 프로필로 들어오지 않는 팔로워는 운영자가 보여주는 스토리를 알지 못한다.

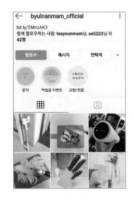

[그림 28]
주방, 인테리어, 가전 등 주부를 대상으로 공동구매

[그림 29]
식품부터 가전까지 다양한 공동구매 상시 운영

[그림 30]
주로 여성화를 취급. 제조사와 함께 직접 운영

앞 세 곳 계정의 평균 프로필 방문은 일주일 기준 4만~4만 2천 명이며 이 중 프로필 링크 클릭율은 10~30% 정도 발생한다. 4천명~6천명 정도가 프로필 링크를 눌러본다. 연결된 쇼핑몰 등에서의 매출은 쇼핑몰 운영 형태에 따라 각각 다르다. 실제 매출이 발생하는 계정이며 둘러보면 참고가 될 것이다.

▌ 프로그램을 사용하지 말고 직접 팔로워를 모아라

인스타그램을 운영하다 보면 친구 추가나 게시물 업데이트가 번거롭고 힘들어 프로그램을 사용하게 된다. 인스타그램 자동 포스팅 해드림, 팔로워 추가 해드림, 좋아요, 댓글 늘려드림 등 드림을 많이 찾아볼 수 있다.

저비용의 프로그램도 있고 고비용 프로그램도 있으며 인스타그램 팔로워 늘리는 프로그램은 대략 다음과 같은 원리에 의해 작동한다.

---

1 프로그램에 인스타그램 아이디와 패스워드를 제공하여 로그인한다.

---

2 관심이 있는 해시태그를 프로그램에 제공한다.

#살림초보 #살림도구

#강아지 #frenchi #frenchibuldok #프렌치 #프렌치불독

#프렌치 #애견 #유아 #반려견 #쇼핑

#맛집 #레시피 #닭갈비 #춘천#공동구매 #패션 #뷰티 #신혼

#살림 #유아 #음식 #판매#쥬얼리 #음식 #쇼핑

#주부스타그램 #주부 #주부일상 #주부그램 #주부놀이 #주부
소통 #주부생활

#주부의길 #주부9단 #주부다이어트 #주부취미 #주부일기 #주
부의일상 #주부놀이중

#주부인스타 #주부코스프레 #최저가쇼핑 #최저가공구 #최저
가 #최저가마켓 #최저가격

#최저가보장 #최저가쇼핑몰 #최저가도전 #최저가그램 #최저
가의류 #최저가핫딜

#최저가공구중 #최저가할인 #살림 #살림스타그램 #살림하는
여자 #살림하는남자 #살림팁 #살림템 #살림노하우 #살림일기

#살림남 #살림살이 #살림가게 #살림장만 #살림그램 #살림밑

천 #살림고수 #살림맘 #살림놀이 #살림의여왕 #살림이야기

#살림은장비빨 #살림왕 #살림꿀팁

3 댓글 멘트를 지정한다.

1 반가워요~ 피드 잘 봤습니다. 소통하고 지내요♥

2 구경 잘했어요. 사진느낌 너무 좋아요! 자주 놀러올게요~

3 사진들이 넘 예뻐요. 맞팔 해도 될까요?

4 와- 최고예요(엄지이모티콘)

5 하트꾹 하고 갑니다.

4 옵션을 지정한다.

좋아요/댓글/선팔 모두 사용

소개된 내용을 프로그램에 설정하면 인스타그램 계정이 프로그램에 의해서 로그인된다. 2에 나오는 예시와 같은 해시태그를 사용하는 게시물을 프로그램이 찾아내어 좋아요를 누른다. 3의 댓글 멘트 중 무작위로 선택하여 댓글을 남긴 후 선 팔로잉을 한다.

과정만 살펴보면 프로그램이 할 일을 다 해주는 것 같지만 그렇지 않다. 원하는 타겟을 찾아가기도 어려울 뿐더러 프로그램을 사용하는 계정은 프로그램을 사용하는 상대의 계정와 자주 만나기 때문에 실질적인 효율은 0%에 가깝다.

가장 중요한 것은 인스타그램 내부의 운영방침이 변경되면 프로그램이 적응하거나 업데이트되는 속도가 매우 늦고 적용되지 않는 부분이 발생한다. 수년 간 정말 많은 프로그램을 돌려 봤다. 프로그램을 직접 제작하여 운영해봤으나 숫자에서만 도움이 될 뿐 실제 효율은 없다. 그러므로 급한 마음에 시중의 프로그램을 사용하지 않기를 바란다.

게시물의 좋아요를 늘리기 위해 비슷한 관심사를 가진 친구에게 게시물을 노출하는 광고나 홍보와 댓글을 유도하고 계정으로 유입시키기 위한 광고 및 홍보 툴은 이미 페이스북에 준비되어 있으므로 이걸 이용해서 운영하는 방법이 최선이다.

1일 3회 이상 게시하며 1개월 2,000 팔로워를 목표하라

계정마다 차이가 있지만 게시물 업데이트 이후에(광고를 하지 않을 경우) 그 게시물은 대략 4시간 안에 팔로워 중 7~20%에게 자연 도달이 발생한다.

인스타그램 계정에 팔로워가 1,000명이라면 게시물 업데이트 이후 4시간 이내에 70~200명의 팔로워에게 소식이 전달된다. 20%를 제외한 80%의 팔로워에게는 아주 천천히 게시물이 도착하는데 거의 도달되지 않는 것으로 보면 된다.

그럼 자주 소식을 전하고 싶다면 4시간~6시간 사이에 지속적으로 게시물을 업데이트하고 친구를 추가해야 하나? 반드시 그럴 필요는 없지만 자주 알리고자 할 경우는 시간별 업데이트도 고려해야 한다.

광고 없이 게시물 콘텐츠와 팔로우만으로 팔로워를 1개월 기준 3,000 팔로워 정도를 모은 적이 있었다. 이 경우는 공통의 관심사에 따라 반응을 하는 것이며 운영하는 인스타그램 계정이 상품을 판매하는 쇼핑몰(샵) 형태의 계정이라면 팔로워가 쉽게 늘어나진 않는다.

쇼핑몰의 경우 광고를 이용하고 직접 팔로워를 추가하는 노력으로 1개월에 2,000명 이상의 팔로워 모으는 것을 목표로 삼는다. 그렇게 운영을 해야 50% 이상의 친구를 모을 수가 있다. 정성을 들인만큼 팔로워가 모아진다.

인스타그램에 댓글을 남기거나 좋아요를 눌러주는 사람 중 익숙하거나 소통하는 팔로워가 500~1,000명 이상이고 1,000여 명의 팔로워를 알고 있다면 상품 판매나 매장 방문 유입량은 확실히 증가한다.

페이스북 광고 계정을 만들어라

인스타그램 광고나 홍보를 위해서 반드시 페이스북 광고 계정이 필요하다. 광고 계정이 있어야 페이스북의 여러 광고 옵션을 사용할 수 있다.

상품 판매나 매장 방문의 목적이 있는 인스타그램 계정은 처음부터 비즈니스 계정으로 변경하여 게시물 등록과 친구 추가 광고를 진행해야 한다. 물론 인스타그램을 비즈니스 계정으로 전환하지 않고 개인 계정 상태로만 운영이 가능하다. 하지만 운영 도중 비즈니스 계정으로 전환하게 되면 노출, 도달 등이 저하될 수 있으므로 처음부터 비즈니스 계정으로 운영을 하는 것이 좋다. 페이스북과의 연결과 관리자 셋팅 등을 위해 페이스북 비즈니스 관리자도 미리 만들어 놓아야 하며 인스타그램 샵의 기능은 페이스북 페이지의 샵과 비즈니스 관리자를 이용해 만들 수 있다.

지금 생각이 드는 순간 시작해야 한다. 천천히 시작하는 것보단 미리 준비를 하고 바로 시작하는 것이 빠르게 운영할 수 있는 방법이다.

1 3초~5초 사이의 영상 또는 한 번에 특징이 파악되는 1장짜리 사진을 준비한다.

2 상품이나 매장의 스토리를 나열하지 말고 핵심만 이야기하라. 고객은 이미 알고 있다.

3 판매 또는 매장 방문이나 브랜딩 등의 카테고리를 확정해야 한다.

4 친구 추가, 게시물 업데이트 등의 자동화 프로그램은 사용하지 말 것. 인스타그램은 사람인지 프로그램인지 정확하게 구별한다.

5 1일 1회 이상 1개월 2,000명 이상의 친구를 모으는 목표를 설정한다.

6 페이스북 가입과 페이스북 비즈니스 광고 계정을 만들어라.

7 시작부터 인스타그램의 계정은 비즈니스 계정으로 시작하라.

8 사진과 영상 그리고 계정이 준비되었다면 인스타그램을 시작하라.

인싸가 되면
성공한다

[그림 1]
사람이 주인공이 아닌 계정

[그림 2]
사람이 주인공인 계정

계정의 주인공이 반드시 사람일 필요는 없다. 셀럽이 되고 싶은 경우에는 사람이 주인공이 되어야 하겠지만 매출의 관점에서 보면 사람이 주인공이 아니어도 괜찮다.

다만 사람이 주인공이 된다면 호감도와 방문자 수에서 큰 차이가 나타날 수는 있다. 이 경우 팔로워와 공감대를 느낄 수 있지만 매출의 부담을 감당해야 한다. 또 모델의 개념으로 사람을 등장시키기도 하지만 내가 아닌 다른 모델이 매출과 브랜딩을 대표하게 되는 문제도 생각해 보아야 할 부분이다.

카테고리를 분명히 하는 다음으로 프로필의 컨셉Concept을 명확히 해줄 필요가 있다. 콘텐츠와 사람 중 어디에 집중할 것인지 정해야 한다.

대한민국 SNS 트렌드는 인싸(인사이더의 줄임말. 활발하고 잘 어울리고 잘 노는 정도로 정의할 수 있다.)가 이끌고 있다. 인스타그램에서의 인싸는 팔로워와 잘 소통하고 어울리고 입는 것, 쓰는 것, 먹는 것 등을 보고 따라하게 만드는 리더 정도로 볼 수 있다. 인스타그램은 팔로워가 아니더라도 계정을 볼 수 있다. 그래서 제품을 보고 흥미를 느껴 댓글이나 DM을 통해서 문의하기도 한다.

[그림 3]
다이렉트 메시지

[그림 4]
댓글로 소통

팔로워는 듣고 싶은 이야기를 들으려 한다. 고객 또는 친구의 입장이 되어서 그들이 듣고 싶은 이야기가 무엇인지, 보고 싶어 하는 것이 무엇인지를 파악한다면 인싸가 될 준비가 끝났다. 사람뿐만 아니라 제품, 매장, 브랜드 모든 것이 인싸가 될 수 있다.

[그림 5]   [그림 6]   [그림 7]   [그림 8]

인싸, 셀럽, 인플루언서라는 용어를 사람에 한정 짓지 말고 제품이나 매장에도 대입시켜라. 어느 순간 제품, 브랜드, 매장은 인싸가 되어 있을 것이다. 인스타그램에서의 인싸 또는 셀럽이 되려면 나의 개성이나 장점을 확실하게 보여줄 수 있어야 한다.

인스타그램을 3~4년 전부터 꾸준히 운영해온 계정들은 브랜드 또는 사람이 계정의 주인공이 되어 있다. 또한 이 계정의 게시물들은 대부분 1,000개 이상 쌓여있으며 댓글을 통해 소통하는 팔로워 또한 상당하다.

제품이 주인공인 계정에서의 프로필 방문 숫자(약24,478회)를 역산해 보면 약 20%의 도달 중에 5~10% 정도 유입된다. 프로필 방문자 수를 통해 약 25,000명에게 노출되었다는 계산이 나온다. 집계 기준이 일주일인 점을 감안하면 1일 약 6,000명 이상 프로필로 방문한다는 계산이 나온다. 제품이 인싸인 계정도 충분히 매출을 가져다준다.

인스타그램에서의 인싸가 되려면 확실한 자기 장점이나 개성을 노출시킬 수 있어야 한다. 게시물 몇 개로 한 순간에 이슈가 되어 인싸가 되는 경우도 있지만 이는 극히 드문 경우이다.

많은 사람들이 인싸의 생활, 일상 등을 궁금해 한다. 그래서 게시물에 빠르게 반응을 하고 부러워하거나 질투하기도 한다. 팔로워 입장에선 선망의 대상이 될 수 있는 이미지를 자주 게시하면 자연스런 소통으로 팔로워이자 팬이 된다.

팬 1,000명이 나에게 관심 없는 10,000명보다 낫다

팔로워가 10,000명이어도 팔로워가 누군인지 잘 모르고 어쩌다 팔로워가 게시물에 댓글 등을 남겨주면 '아~ 이 사람이 나의 게시물을 좋아하는구나.' 정도로 넘어가는 경우가 많다.

10,000명 정도의 팔로워와 댓글로 모두 소통하기엔 어려움이 있지만 실제로 10,000명의 팔로워를 직접 소통하며 모았다면 대단한 숫자이다. 하지만 아직까지 소통으로만 만 명 단위의 팔로워를 모은 계정을 많이 겪어보지는 못했다. 이런 경우는 팔로워를 숫자로만 바라보는 경우가 많았고 오히려 팔로워의 꾸준한 이탈로 이어졌다. 소통하며 인스타그램 계정에서 활동을 하는 사람을 몇 명이나 알고 있나?

1,000명이 아닌 100명의 팔로워라도 자연스럽게 직접 소통하는 것이 더 좋다. 100명의 팔로워들에게 소통하면서 제품이나 매장을 알린다면(광고성은 약간 자제하면서) 100명의 팔로워가 판매를 불편하게 생각해서 빠질 걱정은 접어도 된다. 인스타그램의 최대 장점이자 최고의 활용은 소통임을 반드시 기억하길 바란다.

인스타그램에서는 내가 남자인지 여자인지 아니면 제품을 파는지 오프라인 매장을 운영하는지 올려놓은 사진과 영상을 통해 알게 된다. 남자지만 여자 사진을 올린다거나 어린아이들이나 육아 등의 사진을 올리고 육아맘처럼 활동을 하는 계정들도 있다.

육아맘의 컨셉으로 운영하면 실제 육아맘 팔로워가 늘어난다. 그러면서 육아의 일상 등을 공유하고 육아에 필요한 제품이나 매장 운영 등의 모습을 보여주면 육아에 관심을 가진 팔로워가 모이고 소통할 수 있다.

계정을 운영하면서 컨셉을 설정할 때 가장 고민하는 부분이 인스타그램 운영 방식인데 제품이 주인공인 컨셉, 사람이 주인공인 컨셉, 매장이 주인공인 컨셉등 주된 운영 카테고리를 확정한 이후에 콘텐츠를 만들고 만들어진 콘텐츠를 게시하여 운영해야 한다.

계정 운영의 컨셉을 명확하게 설정하지 않고 일단 아무거나 시작해보자는 생각으로 계정을 운영하게 되면 팔로워가 잘 모이지 않는다. 팔로워가 없는 계정 운영은 혼자만의 놀이터가 되기 때문에 반드시 꼭 계정 운영의 컨셉과 카테고리를 정확히 해야 한다.

---

1 인스타그램의 운영 카테고리를 정한다.

(육아, 제품, 매장, 신발, 식품, 일상, 사람, 여자, 남자 등)

2 개인 계정으로만 운영을 할지 비즈니스 계정(광고와 홍보를 할 수 있는 계정)으로 전환하여 운영을 할지 정한다.

3 1의 선택된 카테고리에 따른 콘텐츠를 만든다. 그림이나 포토샵 등 이미지 제작 프로그램으로 제작된 게시물 보단 직접 찍은 사진이나 동영상이 소통에도 원활하며 도달율 자체도 높다.

4 게시물 업데이트 이후 비슷한 관심사의 인스타그램 친구를 찾아 팔로우, 좋아요, 댓글 등을 먼저 남기고 소통을 시작한다.

---

5 계정에 댓글이 달리면 반드시 반응해주며 꾸준히 댓글로 소통을
   하여 인싸가 된다.

6 팔로워 숫자가 더디게 늘더라도 운영 초기 반드시 소통한다.

PART
02

인스타그램,
팔로워 수보다 중요한
핵심 마케팅 비법

팔로워를 늘리는 사진을 올리자

인스타그램을 하다보면 유독 호응도가 높은 사진이나 영상, 게시물 등이 있다. 연예인이나 모델의 사진을 제외하면 강아지, 고양이 등의 동물 사진, 먹방, 음식, 여행과 관련 있는 사진이 많은 인기를 끈다. 인스타그램이 출시된 초기에는 고해상도의 풍경 또는 자기의 사진을 연출하라는 안내문구가 자주 권장사항으로 등장했다. 지금도 인스타그램 공식 사이트를 방문하면 인스타그램에서 권장하는 사진의 예시를 볼 수 있다. (https://business.instagram.com)

[그림 1] 인스타그램 권장 사진

　그런데 이런 사진은 인스타그램의 권장사항일 뿐이고 매장(브랜드)
운영을 목적으로 하고 있다면 운영하는 매장이나 제품, 사람, 브랜드
등이 콘텐츠의 주제가 되도록 해야 한다. 애견, 애묘 등의 키워드를 가
진 매장이나 제품, 브랜드를 운영하는 경우는 동물의 사진을 올리면서
많은 호응도를 유도하며 직접적인 마케팅 효과를 누릴 수 있다.

[그림 2] 고양이

[그림 3] 강아지

[그림 4] 일상의 소통

고양이나 강아지 등 동물 관련 콘텐츠는 반려인이 더욱 증가함에 따라 많은 관심을 불러온다. 직접 키우는 강아지나 고양이와 함께 하는 사진이나 영상은 좋아요를 누르거나 댓글을 남기게 하는 좋은 콘텐츠가 될 수 있다. 또 일상을 공유하면서 공원이나 명소 등을 방문하고 남긴 사진은 동질감을 형성하는 소통의 키워드가 될 수 있다.

[그림 5]
제품을 보여주며 판매하는 계정

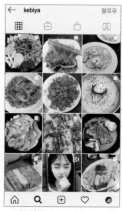

[그림 6]
음식을 보여주며 판매하는 계정

인스타그램에서 제품 사진을 보여주며 판매를 주로하는 계정일 경우는 일상의 공유가 아니기 때문에 콘텐츠만으로 친구를 모으기는 어렵다. 그래서 제품 판매나 매장 운영의 경우 인스타그램 홍보 또는 페이스북 광고 관리자를 이용하여 콘텐츠를 많이 노출시키고 피드의 유입량을 올려야 한다. 그리고 피드에 올린 콘텐츠에 흥미를 가지는 사람들을 찾아 좋아요나 댓글 등을 이용해 소통을 해야 한다.

[그림 7]
활성화된 광고

[그림 8]
인사이트 보기

[그림 7]은 활성화 된(진행 중인 광고) 광고다. 총 30,000원의 예산 중 19,000원을 사용하였으며 47명의 친구들이 피드를 방문했다. [인사이트 보기]를 눌러보면 [그림 8]과 같은 분석 자료가 나온다. 내가 홍보한 콘텐츠에 좋아요를 눌러준 사람과 원래 있던 친구가 눌러준 좋아요의 합은 총 352개이며 게시물 하단의 '프로필 방문하기'를 누른 사람은 50명이다.

이 콘텐츠로 프로필을 방문한 숫자는 총 64명이며 프로필의 링크를 눌러 나의 쇼핑몰이나 웹사이트로 방문한 숫자는 100명이다. 하지만 이 100명이 모두 쇼핑몰을 방문한 것은 아니며 링크를 누르는 순간 숫자는 합산된다.

인스타그램에 올려놓은 게시물은 게시물 각각의 노출과 도달, 프로필 방문의 숫자를 제공해준다. 게시물을 광고 진행하였을 때 '자연 도달+광고로 인한 도달=총 도달'을 합산한 숫자를 제공한다. 프로필의 [홍보]를 누르면 광고로 인해 발생된 노출과 도달, 프로필 방문 숫자 등을 보여준다. 광고를 진행한 게시물은 [홍보]를 눌러 광고로 인해 발생한 노출과 도달을 반드시 확인하고 이후 광고 지속 여부 등을 결정한다.

광고를 운영하는 콘텐츠는 광고를 했을 때와 안 했을 때의 숫자를 합산하여 게시물별 노출 정보를 제공한다. 인스타그램에서는 사진 또는 영상 게시물의 노출과 도달이 좋다. (편집된 이미지 즉 그림이나 글자가 많은 콘텐츠의 경우 도달율은 현격히 떨어진다.) 수정이 많이 되거나 그려진 이미지, 텍스트 비율이 높은 이미지의 노출을 보장하지 않는다는 점을 명심해야 한다.

[그림 9]
편집된 사진

[그림 10]
글자가 많은 사진

[그림 11]
배경이 없는 사진

편집이 가해진 콘텐츠는 사진이 아닌 그림으로 분류되며 노출 수가 줄어든다. 제품의 사진이어도 포장지 등에 글자가 많으면 노출의 제한을 받게 된다. 또 고해상도의 이미지여도 배경을 날려버리거나 배경이 잘 보이지 않는 사진 역시 노출의 제한을 받는다.

[그림 12]
판매할 제품의 이미지

[그림 13]
제품의 특징 설명

게시물을 올릴 때는 판매할 제품의 정확하고 명확한 영상이나 이미지를 보여준다. 제품의 사양, 특징과 장점 등을 분명히 설명하여 제품과 콘텐츠에 관심이 있는 친구들에게 명확한 정보를 전달하고 판매하고 있다는 점을 부각시켜야 한다. 인스타그램을 포함한 SNS 플랫폼의 구독자들은 대부분 사물이나 음식 등의 콘텐츠보다는 사람에 먼저 반응하고 사람이 나오는 사진과 영상 등을 통해 소통하려 한다.

[그림 14]
프로필

[그림 15]
피드

[그림 16]
고객과의 소통

프로필에는 계정을 운영하는 사람이 어떤 사람인지 드러낸다. 그리고 피드를 통해 운영하는 계정의 컨셉을 명확하고 분명하게 보여준다. 댓글로 소통할 때는 고객이 묻는 내용에 대해 정확하게 답하고 고객의 입장에서 이야기한다.

위드라비체(@with_laviche)의 계정처럼 사람이 등장하면 좋겠지만 얼굴이 노출되는 것을 원치 않는 운영자가 있을 수도 있다. 거기다 다른 사람을 주인공으로 세우거나 모델을 쓰기 어려운 경우에는 어떻게 해야할까? 방법이 없을까? 사실 잘 찍힌 사진 1장은 100장의 모델 컷이 부럽지 않다. 다만 1장의 사진이나 영상이 보여주고 싶은 콘텐츠를 명확히 담는 것이 중요하다. 또 그에 따른 설명이 정확하며 내용 전달이 확실해야 한다.

[그림 17]
제품 사진으로 피드 구성하기

[그림 18]
제품의 사진

제품의 카테고리가 명확한 사진들로 피드를 구성한다. 사진으로 확실하게 보여주고 고객이 궁금할 부분만 간단하게 설명한다. 1장의 제품 사진으로 보는 순간 어떤 제품인지 확실히 알 수 있게 하면 된다.

제품을 판매하고 브랜드를 운영하며 매장을 홍보한다고 하면 대부분의 인스타그램 운영자는 제품의 특성이나 개성 등을 살린 사진을 생각하게 마련이다. 하지만 팔로워들은 이미 어떤 제품인지 브랜드와 매장까지 모두 파악하고 있다. 인스타그램 프로필을 보고 어떤 제품을 판매하고 있는지, 매장을 운영하고 있는지 확인하기 때문이다. 우리의 고객은 인스타그램 계정에서 일어나는 일을 이미 알고 있다.

인스타그램에 올린 콘텐츠의 호응도는 댓글과 더불어 좋아요(하트 표시)를 얼마나 많이 받는지로 확인할 수 있다. 아래의 그림처럼 인스타그램과 연결된 페이스북 페이지의 [Instargram 게시물 홍보하기]를 이용하여 광고하면 더욱 많은 좋아요를 받을 수 있으며 좋아요를 눌러준 인스타그램 사용자의 프로필을 방문하고 소통하면서 더 많은 친구를 추가할 수 있다.

[그림 19]
운영 중인 계정

[그림 20]
연결된 페이스북 페이지

[Instargram 게시물 홍보하기]를 누르면 인스타그램에서 게시했던 1장짜리 사진을 홍보할 수 있다. [홍보하기]에서 원하는 타겟을 설정하고 게시물을 홍보하면 된다. 페이스북 페이지에서 설정하지만 실제로는 인스타그램에서 광고가 진행된다.

[그림 21] Instargram 게시물 홍보하기

[그림 22] 타겟 설정

해시태그로
팔로워와 놀자

인스타그램 또는 모바일 SNS 플랫폼을 이용하면 가장 먼저 듣는 말 중에 하나가 해시태그이다. 해시태그는 강조하고 싶은 단어나 키워드 앞에 '#' 표시를 적어주면 된다. 사진이나 영상을 인스타그램에 게시할 때 이 콘텐츠가 강조하는 키워드(단어)를 선정하고 단어 앞에 '#' 표시를 붙여 해시태그로 만든다.

해시태그가 된 단어는 검색이나 특정 단어로써 인스타그램에서 노출된다. 노출된 해시태그를 클릭하면 그룹핑 된 해시태그를 가진 게시물을 방문할 수 있고 클릭한 해시태그를 가진 인기/추천 게시물로 이동한다. 프로필에도 해시태그를 사용할 수 있으며 프로필에 적혀있는 해시태그가 인스타그램에 노출되어 인스타그램의 인기 게시물 등으로 이동한다.

그럼 해시태그가 뭘까? 해시Hash란 말은 마케팅에선 # 기호가 붙어 있는 단어를 말한다. # 기호가 붙어있는 단어들이 모여 그룹을 이루는데 인스타그램에서는 특정 단어 검색 시 해시태그들의 그룹으

[그림 1]
사용된 해시태그

[그림 2]
프로필 해시태그

로 노출되기도 한다. # 기호가 붙은 단어들끼리 그룹으로 묶여 노출과 검색이 가능해진다. 그래서 인스타그램에 게시물을 쓰고 나서 # 기호를 붙인 단어를 적으면 그룹핑 되어 있는 단어들의 조합이 보인다. 선택을 하면 해시태그가 이미 그룹핑 되어 있는 해시태그에 포함된다.

'#선풍기'를 해시태그화하면 해시태그의 그룹이 나열된다. 선택한 단어가 얼마나 그룹핑 되어 있는지 볼 수 있으며 이 해시태그 그룹을

[그림 3]
#선풍기 그룹

[그림 4]
#육아 그룹

선택하면 된다. '#육아' 해시태그는 3천만 개가 넘는 해시태그가 그룹핑 되어 있다. 해시태그의 그룹핑 규모가 크다고 해서 많은 노출이 보장되는 것은 아니므로 단순이 그룹핑 규모가 큰 해시태그를 선택하기 보다는 인스타그램 친구들에게 노출하고 싶은 해시태그를 적는다.

'수제화'라는 키워드를 검색해보면 425,000개의 게시물이 #수제화 해시태그를 사용하고 있는 것을 알 수 있다. '육아'를 검색하면 2,100,000개의 게시물이 #육아템 해시태그를

[그림 5]
수제화 검색

[그림 6]
육아 검색

사용하고 있다.

빨간색으로 표시된 해시태그(◎)는 계정이나 장소 사람이 아닌 해시태그 자체를 보여준다. 해시태그의 그룹을 팔로우하면 선택한 해시태그가 포함된 게시물의 소식을 받을 수 있다.

인스타그램에서 키워드를 검색하게 되면 추천/계정/태그/장소 순으로 검색된 게시물과 계정이 노출된다. 이 검색을 이용하여 관심이 가는 해시태그는 얼마나 많은 계정과 게시물에서 사용되고 있는지 볼 수 있다. 또 연관 해시태그 중 인기 해시태그를 볼 수도 있고 이 해시태그를 나의 계정과 게시물에 사용할 수 있다.

참고

인스타그램에서는 보고 싶어 하는 소식이 피드로 전달되기 때문에 키워드 검색율은 극히 적다. 해시태그를 적으면 그 해시태그를 검색하는 프로그램과 광고성 게시물의 타겟이 된다. 즉 해시태그를 잘 선정한다고 해서 검색이 많이 되거나 노출이 많이 된다는 의미가 아님을 알아야 한다.

위드라비체(@with_laviche)계정이 게시물을 업데이트하면서 '#워킹맘 #올세인츠 #주름치마' 등의 해시태그를 함께 올렸다. 게시물을 업데이트할 때 위드라비체의 팔로워가 '#워킹맘 #올세인츠 #주름치

[그림 7]
해시태그 사용 예시

[그림 8]
해시태그 사용 예시

마' 등의 해시태그가 포함된 게시물에 좋아요를 누르거나 일정 시간 보았다면 좋아하는 사람으로 분류된다. 이후에 위드라비체 계정의 게시물 중 '#워킹맘 #올세인츠 #주름치마' 해시태그가 있는 게시물은 먼저 받아보게 된다.

하솔이(@ha_sol2)의 게시물에서 '#주말나들이 #바람의언덕 #연날리기' 등의 해시태그를 볼 수 있다. 하솔이의 팔로워 중 '#주말나들이 #바람의언덕 #연날리기'의 해시태그가 있는 소식을 받고 일정 시간 동안 게시물을 본 팔로워는 '#주말나들이 #바람의언덕 #연날리기' 해시태그가 포함되어 있는 게시물을 좋아하는 팔로워로 분류된다. 그래서 하솔이 계정에서 '#주말나들이 #바람의언덕 #연날리기' 해시태그가 포함된 게시물을 우선적으로 받아보게 된다.

[그림 9]
해시태그 예시

[그림 10]
해시태그 예시

게시물 중 '#힐링할 곳' 해시태그가 있는 게시물을 3~5초 정도 보게 되면 사용자는 하솔이에서 올라오는 게시물 중 '#힐링할곳 #힐링' 등의 해시태그가 붙은 게시물에 관심이 있는 사람으로 분류가 된다. 그래서 하솔이 인스타그램 계정에서 '#힐링' 해시태그가 포함된 게시물은 우선적으로 노출된다.

계정에서 노출하고 싶은 게시물엔 해시태그를 붙이자. 팔로워에게 해시태그에 따른 분류로 노출이 되고 또 노출된 피드를 보고 프로필로 방문하는 팔로워와 댓글과 좋아요 등의 소통을 할 수도 있다. 잘 선정한 해시태그 1개가 여러 마디의 키워드보다 괜찮다는 말이 있다. 하지만 사람들은 해시태그를 검색하거나 찾아서 들어오는 것이 아니라 게시물에 있는 해시태그에 관심이 있는 사람(팔로워)이다.

해시태그보다 게시물이 더 중요하다. 그 다음 게시물에 좋아요나 댓글을 남겨준 팔로워의 계정도 방문하고 댓글, DM으로 소통을 하면 된다.

인스타그램에서의 해시태그는 검색이 아닌 그룹핑과 노출의 개념임을 반드시 명심해야 한다.

이벤트 피드로
소통하자

인스타그램 이벤트는 왜 할까? 인스타그램으로 판매 정보나 매장 등을 알리려면 팔로워든 인스타그램 친구든 소식을 받아보거나 소통을 하는 친구가 있어야 한다. 매일 하루 2~3시간씩 인스타그램 친구와 소통하고 비슷한 관심사의 친구를 찾아 친구를 맺기도 하지만 소식이 잘 안가거나 알려지지 않을 때가 있다. 이럴 땐 경품이든 사은품이든 혜택을 주는 이벤트를 진행해 팔로워를 모으기도 하고 매장을 홍보하거나 브랜딩을 해야 한다.

너무나 많은 이벤트가 인스타그램에서 이루어지지만 무엇보다 진정성 있고 정확한 이벤트를 진행해야 한다. 인스타그램을 운영하다 보면 정말 기발한 이벤트들이 많이 보인다.

응모하기만 하면 사은품을 주는 이벤트도 있고 문제를 맞히면 추첨을 통해 사은품을 주는 이벤트도 있다. 또 제품을 체험하고 리뷰를 하거나 매장 방문 인증을 하면 서비스를 주는 등 수많은 이벤트들이 있다.

이벤트를 하는 계정들의 대부분은 상업적인 목적이 있다. 하지만 이벤트를 받아보는 입장에서는 손해 볼 것이 없으므로 이벤트는 잘 운영이 되는 것처럼 보인다. 이벤트를 하는 목적은 팔로워를 모으거나 매장 방문을 유도하거나 제품의 판매가 잘 이루어지도록 하는 것이다. 그런데 이벤트만 참여하고 이후 반응이 전혀 없는 인스타그램 이용자들도 상당히 많다.

대부분 이벤트를 참여하면 경품이나 사은품 등을 주고 맛집의 쿠폰을 제공하기도 하고 추첨을 통해 상품을 나누어준다. 그래서 응모자들이 순간적으로 모이고 게시물에 좋아요나 댓글로 반응하여 높은 호응도를 보이기도 한다. 하지만 이벤트 이후 제품 구매로는 이어지지 않거나 소통을 요청할 때는 반응 없는 경우도 발생한다.

이벤트를 적절하게 운영하고 소통하면 고객인 인친들과 소통하며 빠른 팔로워 증가가 이루어질 수 있다. 하지만 너무 자주 이벤트를 진행하면 계정 운영의 본질이 흐려지기 때문에 가끔씩 활용을 하되 한 번을 하더라도 제대로 알리고 많은 호응을 이끌어 내는 것이 중요하다.

이벤트 몇 가지를 통해 인스타그램에서의 고객들은 어떤 반응을 했었는지 알아보자.

[그림 1]
이벤트 예시

[그림 2]
이벤트 예시

[그림 1]의 천사맘즈(@1004_moms)는 인스타그램 친구들을 모으고 소통하면서 댓글 이벤트를 진행했다. 그리고 판매 제품 중 일부를 무료로 배송해주었다. 당첨자들에겐 DM을 보내어 소통하고 활발한 활동을 부탁했다.

[그림 2]는 '맛의 고수'라는 브랜드를 운영하는 회사이다. 출시되는 최신 제품에 재미있는 문제를 내고 댓글 참여 이벤트를 진행했다. 당첨자 발표도 공개적으로 게시하고 당첨 사실을 모를까봐 본문에 당첨자

를 소환(@인스타그램 계정 이름을 쓰면 알림이 간다.)했다.

위와 같은 이벤트는 인스타그램 친구들에게 신뢰를 주며 제품을 판매하는 곳이라는 것을 분명히 하고 계정의 호응을 높여주며 이벤트 참여자의 후기를 통해 이벤트도 제대로 하고 제품 판매도 하는 계정이란 신뢰를 심어준다. 결국 이벤트는 나의 소식과 계정을 알리며 팔로워를 늘리는 하나의 수단이다. 다만 어떠한 방식으로 이벤트를 진행하느냐와 실제로 이벤트를 진행하였는지 안하였는지 여부에 따라 소통의 창구가 되기도 한다.

도달이 잘 되는
시간과 게시물의 관계

[그림 1]
팔로워

[그림 2]
리스트

인스타그램에 올린 사진이나 영상은 팔로워가 아닌 사람에게는 광고/홍보를 운영하지 않으면 소식을 보낼 수가 없다. 그래서 팔로워를 꾸준히 늘려야만 더욱 많은 소식을 알려

줄 수 있고 인스타그램을 하는 원래 목적인 매장 방문 유도나 상품 판매도 원활하게 할 수 있게 된다.

하솔이(@ha_sol2) 인스타그램의 팔로워는 1,929명이고 이 1,929명은 나의 소식을 받아본다. 팔로잉˙은 3,025명이며 3,025명으로부터 소식을 받아본다는 뜻이다. 팔로워˙˙나 팔로잉 버튼을 클릭하면 내 소식을 받아보는 사람과 내가 소식을 받아보는 사람을 리스트로 확인할 수 있다.

다른 SNS 플랫폼도 비슷하지만 상품 판매나 매장 운영이 비즈니스 모델인 경우엔 나의 계정에 얼마나 많은 사람이 소식을 받고 있는지에 따라 상품 매출이나 사이트 방문자 수 등의 차이가 난다.

인스타그램을 처음 운영하면 다른 사람의 소식을 보기 위해 계정을 팔로잉 한다. 팔로잉을 한다는 건 내가 다른 사람의 인스타그램에서 소식을 받아보겠다는 것이다. 반대로 나의 소식을 받아보게 하기 위해서는 팔로워가 있어야 한다.

그럼 팔로워는 어떻게 늘려야 할까? 뒷장에서 자세히 다루겠지만 기본은 친구 추가를 먼저하고 팔로잉을 부탁하는 것이다.

[그림 4]를 보면 계정 아래 파랗게 [팔로우] 버튼이 있다. 아직 팔로

˙ **팔로잉** 내가 친구 요청을 하여 친구의 소식을 받아보는 것

˙˙ **팔로워** 나에게 친구 요청을 하여 내 소식을 받아보는 사람

잉을 하지 않고 있는 계정이라는 뜻이다. [팔로우]를 누르면 팔로잉 하고 있다고 표시된다. 팔로잉 한 후에 좋아요를 누르거나 댓글을 남겨 소통하자는 메시지를 남긴다. 대부분은 팔로우 한 사람의 계정을 한 번 정도는 방문하고 댓글과 좋아요를 통해 소통하며 팔로워를 늘린다.

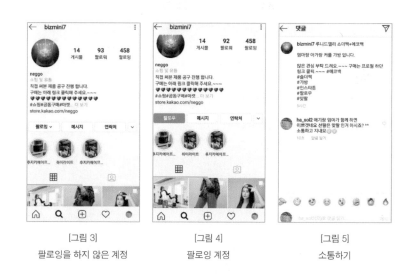

[그림 3]
팔로잉을 하지 않은 계정

[그림 4]
팔로잉 계정

[그림 5]
소통하기

꾸준한 팔로잉을 통해 운영하는 계정의 팔로워가 1,000명, 2,000명, 3,000명으로 늘어나면 당연히 게시물에 좋아요를 눌러주거나 댓글로 소통하는 팔로워 역시 늘어나게 된다. 나의 소식을 받아보는 팔로워가 늘어나면 더 많은 사람에게 게시물이 노출되고 게시물을 통해 소통할 수 있게 된다. 그래서 댓글, 좋아요가 늘어나면 소식을 받는 친구가 점점 늘어나고 팔로워가 아닌 인스타그램 친구도 더불어 늘어난다.

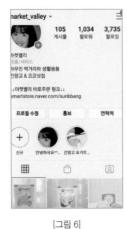

[그림 6]

마켓밸리(@market_valley) 계정의 팔로워는 1,034명이고 팔로잉은 3,735명이다

[그림 7]

게시물의 좋아요는 팔로워나 혹은 팔로워가 아닌 사람들이 눌렀다. 게시물을 올린다고 해서 팔로워 모두가 좋아요를 눌러주진 않는다

운영 중인 인스타그램에 게시물은 어느 정도 노출이 되고 어떤 팔로워가 좋아요를 누르거나 댓글을 달까? 어떤 게시물을 어떤 시간에 게시물을 올려야 많은 도달이 이루어질까? 내가 올린 게시물의 관심사와 비슷한 관심사를 가진 인스타그램 사용자는 어떤 게시물에 반응하고 소통을 할까?

세 가지 질문에 대한 대답은 의외로 간단하다. 나의 인스타그램 친구가 가장 많이 활동하는 시간에 게시물을 올리면 된다. 그리고 도달이 잘 되는 사진이나 영상을 올리면 된다.

이 부분에 진심으로 강조하고 싶은 것은 노출이다. 도달과 소통이 이루어지려면 팔로워의 숫자도 중요하지만 어떤 게시물을 주제에 맞게 올리느냐가 더 중요하다. 인스타그램의 운영은 노출과 도달, 소통이 중요하지만 그 이전에 백번 강조해도 모자라지 않는 것이 콘텐츠다. 올리는 사진이나 영상이 어떤 것보다 더 중요하다. 콘텐츠가 주제에 맞아야 팔로워도 반응을 하고 소통을 하기 때문이다.

게시물로 올리는 사진이나 영상은 주제에 따라 여러 가지 컨셉이 있다. 하지만 인스타그램에 올리는 게시물은 많은 도달이 이루어지도록 텍스트(글자)가 포함되지 않은 게시물이어야 한다. 포토샵으로 제작한 그림은 사진과 영상보다는 도달 효율이 훨씬 떨어진다. 인스타그램은 고해상도의 편집이 많이 되지 않은 사진과 영상을 선호하는 플랫폼이다.

게시물은 사진과 영상으로 올리며 텍스트(글자)가 포함되지 않은 게시물을 올려주는 것이 좋다. 게시물에 텍스트 비율이 20% 이상 있을 경우 도달은 현저하게 떨어진다. 20%의 기준은 인스타그램의 운영사인 페이스북이 판단하며 광고를 진행할 경우는 특히 더 도달 수치가 낮아진다.

인스타그램에 올리는 사진은 텍스트가 없는 1장의 사진으로 올린다. 사진의 주제가 되는 제품 사진을 여백 없이 화면에 꽉 채우면 도달율이 떨어진다. 인스타그램 친구의 반응 또한 줄게 되고 소통의 숫자 또한 줄게 된다. 제품 사진이 전체 사진 크기의 1/3 정도를 차지하고

[그림 8]
도달이 잘 안 되는 사진

[그림 9]
도달이 잘 되는 사진

있는 사진이 도달율을 높이는 사진이다.

제품 이외의 공간은 여백으로 인식해 도달 숫자가 증가하며 좋아요 등의 소통하는 숫자도 늘어나게 된다. 도달이 늘어나면 반응하는 숫자도 당연히 많아진다.

두 곳 모두 상품 판매를 컨셉으로 하는 인스타그램 계정이다. 모두 상시 판매와 공동구매를 운영하고 있으며 제품의 썸네일 등 만들어진 이미지가 아닌 촬영한 사진을 주로 업데이트한다. 여러 장의

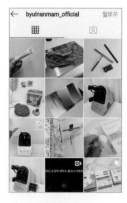

[그림 10]
별난맘 계정

[그림 11]
공구몬 계정

이미지를 올려놓은 게시물은 거의 찾아 볼 수가 없으며 제품 사진에 텍스트가 포함된 사진은 거의 없다. 제품 사진의 특성을 강조하며 두 곳의 게시물 사진은 모두 여백이 충분이 있는 제품 사진들로 구성되어 있다.

공동구매와 상시 판매에 관심이 있다면 두 곳의 계정을 방문하여 게시물 운영과 댓글, 구매를 유도하는 문구, 공동구매 운영 방식을 살펴보아도 좋을 것이다.

인스타그램 계정에 올린 게시물들은 언제 제일 많이 도달이 되고 어떤 종류의 게시물들이 가장 많이 도달할까? 게시물이 도달되는 시간과 요일은 운영하는 계정마다 다르다. 운영 중인 인스타그램

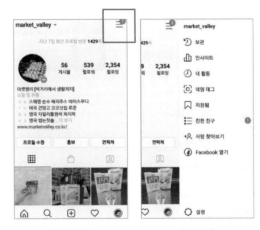

[그림 12]
프로필

[그림 13]
설정과 인사이트

계정의 인사이트 분석을 이용하면 쉽게 알아볼 수 있다. [인사이트]의 통계는 팔로워가 100명 이상이어야 팔로워의 나이대와 활발하게 활동

하는 시간을 알 수 있다. 또 어떤 게시물에 반응이 있는지 살펴본 후에 효율적인 게시물 관리를 해야 한다.

프로필 오른쪽 상단에 세 줄 무늬(≡)를 누르면 인스타그램 설정과 인스타그램 인사이트를 제공받을 수 있는 화면으로 전환된다.

전환된 인사이트 화면의 첫 번째 [콘텐츠]는 최근 게시물의 도달된 숫자를 보여준다. 피드 게시물의 [모두 보기]를 누르면 내가 올린 게시물 모두(최근 1년)의 도달을 보여준다. 모두 보기로 전환된 화면에

[그림 14]
최근 게시물 도달 수

[그림 15]
모두 보기

서 나의 게시물 중 도달 수가 많은 게시물을 살펴보면 나의 계정에서 도달이 잘 되는 게시물을 볼 수 있다. 텍스트가 많은 콘텐츠보단 제품 사진으로 글자가 없고 배경이 있는 사진의 도달이 많은 것을 살펴볼 수 있다. 아래로 스크롤하면 홍보한 게시물의 성과를 함께 볼 수 있다.

[활동]을 누르면 인스타그램과 관련된 나의 활동을 볼 수 있다. 인스타그램 인사이트는 일주일 단위의 데이터를 제공하며 날짜별 조회

[그림 16]
활동

[그림 17]
활동

는 제공하지 않는다. 팔로워와 인스타그램 친구가 나의 계정에서 활동한 반응을 볼 수 있다. 기간 동안 인스타그램 계정으로 방문한 인스타그램 사용자(팔로워와 팔로워가 아닌 사람을 더한 숫자이다.)는 6일간 1,429명이었으며 계정 프로필에 표시하여 놓은 웹사이트를 클릭한 사람은 42명이다. 즉 프로필 방문자 수와 웹사이트 클릭 수를 합산한 숫자가 1,471명인 것이다. 인스타그램 홍보로 인한 방문자 수와 웹사이트 클릭 수는 합산되지 않으며 홍보로 인한 활동 숫자는 [콘텐츠] 하단의 [홍보]를 눌러 숫자를 조회할 수 있다.

인스타그램 게시물이 도달된 계정을 살펴보면 게시물이 가장 활발하게 도달되는 요일을 알 수 있다. 마켓밸리(@market_valley) 계정의 데이터는 금요일에 가장 활발하게 도달되며 가장 활발한 요일은 홍보 또는 팔로잉 활동 등에 따라 수시로 변하기 때문에 자주 살펴보아야 한다.

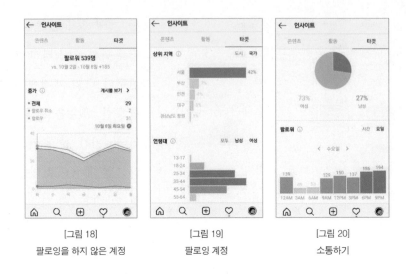

[그림 18]
팔로잉을 하지 않은 계정

[그림 19]
팔로잉 계정

[그림 20]
소통하기

[타겟]을 누르면 현재 팔로워와 최근 6일 동안 증가된 팔로워 수, 6일의 기간에 해당하는 날짜에 팔로워의 증감을 보여준다. 도달이 가장 많은 요일에 팔로워가 가장 많이 증가할 확률이 높다.

그 다음은 상위 지역을 확인할 수 있다. 도시와 국가별로 계정의 팔로워이거나 게시물을 받아본 인스타그램 이용자의 사용 지역을 표시하고 내 인스타그램 계정을 방문하거나 나와 소통하는 인스타그램 이용자의 연령대를 표시하는데, 연령 데이터는 사용자가 어떠한 연령대에 맞는 콘텐츠를 운영하느냐에 따라 달라진다. 만약 데이터가 35~44세의 연령대가 가장 활발하게 활동하는데 10대가 선호하는 콘텐츠나 카테고리를 운영하는 것은 맞지 않다.

그 다음은 계정의 성비와 팔로워가 어떠한 요일이나 시간에 인스타그램에서 가장 활발하게 활동하는지 보여준다. 잘 도달될 수 있는 콘텐츠를 만들고 인스타그램 팔로워가 가장 활발하게 활동하는 시간을 예측해서 게시물을 업데이트해야 한다. 인스타그램에서의 게시물은 평균 업데이트 시간으로부터 4~5시간 정도 가장 활발하게 도달이 된다.

마켓밸리(@market_valley) 계정의 인사이트를 조합해보면 여백이 있는 제품 사진과 같은 콘텐츠를 준비하고 매일 오후 6시에서 9시 사이에 게시물을 올리는 것이 제일 적합하다. 매일 게시물을 업데이트하고 매주 금요일에는 판매할 제품이나 매장 방문 유도, 이벤트 사진 게시 등 가장 많이 알려야 되는 소식을 올려주는 것이다.

인스타그램의 계정 인사이트와 게시물 인사이트는 매일 1회 이상 반드시 살펴보자. 인스타그램 계정의 컨디션을 확인하는 것이 매우 중요하다. 참고로 1개월~2개월 정도 운영하며 인사이트를 살펴보면 계정의 컨디션에 따른 윤곽이 뚜렷하게 보이므로 습관화하는 것이 매우 중요하다.

소통으로 모은 100명이 10만 명 안 부럽다

인스타그램을 공부하다 보면 팔로워 수가 5만 명, 10만 명 혹은 그 이상의 대형 인스타그래머(인플루언서)를 종종 볼 수 있다. 이런 대형 인스타그래머 중에는 실제로 모아진 팔로워를 갖고 있는 계정도 있지만 숫자만을 늘려서 보여주기 위한 팔로워를 늘린 계정도 꽤 있다. 과연 이런 계정이 영향력이 있을까?

소통을 통해 2년간 모은 약 2만 2천 명의 팔로워를 모았다. 그러나 단 몇 달 만에 3만 명을 모은 계정을 자랑하는 분들을 만나면 어떻게 그렇게 모을 수 있는지 물어본다. 이야기를 들어보면 10에 9는 프로그램을 통해서 모았거나 페이스북에서 외국인 계정을 모은 경우다.

팔로워 3만 명을 자랑하는 한 인스타그래머의 게시물을 보니 좋아요를 한 사람이 1,100명이나 된다. '1,100명이 좋아합니다.'라는 텍스트를 눌러보면 어떤 계정들이 좋아요를 눌렀는지 볼 수 있는 리스트 화면으로 바뀐다.

[그림 1]
좋아요가 1,100명인 게시물

[그림 2]
좋아요를 한 사람들 리스트

리스트를 보면 거의 대부분이 외국인임을 알 수 있다. 외국인들이 좋아요를 잘 눌러주는 성향이 있긴 하지만 이렇게 게시물을 올리자마자 1,000명이나 좋아요를 바로 누른다는 것은 정상적이지 않은 상황이다. 혹시 페이스북을 통해 이 게시물을 광고 한 것은 아닐까? 답은 아니다. 페이스북에서 인스타그램 게시물을 광고하려면 피드에 사진이 하나인 게시물만 가능하다. 이 게시물을 보면 사진 밑에 파란 점 1개(현재 사진)와 회색 점 4개(다음 사진)가 보이므로 사진이 총 5장임을 알 수 있다.

[그림 3] 인스타그램 좋아요 늘리기 업체들

　　정상적이지 않은 일종의 프로그램이나 어플 등에서 유료로 게시물에 좋아요를 누르게 하는 방식을 이용했다는 것을 유추할 수 있다. 실제로 검색엔진에서 '인스타그램 좋아요 늘리기'라고 검색하면 수없이 많은 업체가 검색된다. 인스타그램에 게시물을 등록했을 때 좋아요 숫자와 댓글이 많으면 인기 게시물이 될 것이라고 착각하는 사람들을 이용해 돈을 버는 업체들인 것이다. 인스타그램은 단순히 좋아요와 댓글

수로 인기 게시물이 되지는 않는다. 인스타그램의 기본은 소통, 즉 관계 기반이다. 실제 소통이 되는 게시물은 좋아요나 댓글 수가 적어도 인기 게시물이 될 수 있다.

[그림 4]
#댕댕이 해시태그 인기 게시물

[그림 5]
첫 번째 인기 게시물

#댕댕이라는 해시태그로 검색을 해보니 인기 게시물 순으로 5.7M개의 게시물이 나온다.

첫 번째 게시물을 들어가 보면 좋아요가 107개, 댓글은 5개 밖에 되지 않는 것을 볼 수 있다. 이 계정의 팔로워는 1,400여 명이며 올린 다른 게시물들의 반응도 이 게시물과 다를 것 없다. 이와 같이 수만 명의 팔로워를 갖고 있지 않아도, 좋아요가 수천 명이 아니어도 인기 게시물이 될 수 있다.

인스타그램에서는 게시물이 등록되고 팔로워들과 관심 계정에게 도달이 되는 알고리즘이 있으며 천천히 도달이 되기 시작한다. 그렇게 도달되었을 때 좋아요와 댓글 등의 반응이 있어야만 인기 게시물이 될 수 있다. 즉, 도달도 되지 않은 계정에서 좋아요를 누른다고 인기 게시물이 되지는 않는다.

인스타그램의 알고리즘에는 팔로워 수에 대비해 일정한 도달을 보장하는 수치가 있다. 이 수치는 여러 가지 변수에 의해 변동이 되는데 보통 10~20% 내외의 수만큼 도달된다. [그림 6]과 [그

[그림 6]
팔로워 2.2만명의
게시물 도달 수

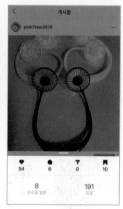

[그림 7]
팔로워 1,500명의
게시물 도달 수

림 기을 보면 팔로워 수 대비 도달이 10~20% 사이에서 이루어지고 있는 것을 알 수 있다. 바로 이런 이유로 소통을 하지 않고 있는 프로그램을 통한 팔로워 수를 늘리는 것은 팔로워 수가 적은 계정보다 좋지 않은 것이다. 소중한 도달 수가 나와 상관없고 도움이 되지 않는 계정이나 외국인에게 도달되는 것으로 소진될 수 있기 때문이다.

인사이트만 볼 줄 알아도
당신은 이미 전문가

인스타그램은 두 개의 인사이트를 가지고 있는데 하나는 게시물의 인사이트이며 다른 하나는 계정의 인사이트이다. 우선 비즈니스 프로필로 전환하면 볼 수 있는 게시물의 인사이트에 대해 알아보자. 게시물의 인사이트 정보를 분석해야만 해당 게시물에 대한 평가를 하고 앞으로의 게시물에 개선점을 적용할 수 있으므로 반드시 알아야 한다. 사실 인스타그램의 알고리즘은 페이스북과 마찬가지로 기업비밀이므로 경험으로 확인된 것과 유추한 것만을 기술하도록 하겠다.

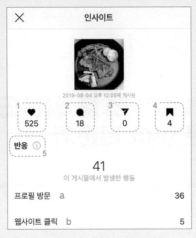

[그림 1] 게시물 인사이트

1 **좋아요** 게시물에 좋아요를 누른 수

2 **댓글** 게시물에 댓글이 달린 수

3 **다이렉트 메시지** 게시물을 다이렉트 메시지를 통해 공유한 수

4 **저장** 게시물을 저장한 수

5 **반응 (ⓐ + ⓑ)** 게시물에서 발생한 행동

 ⓐ 게시물을 통해 프로필을 방문한 수

 ⓑ 게시물을 통해 웹사이트를 클릭한 수

인스타그램에서는 해당 계정의 도달율을 이와 같은 수치들을 통해

알고리즘에 적용시키고 있다. 인스타그램의 타인과의 소통을 가장 중요한 지표로 삼는 특성으로 인해 해당 게시물에 반응한 다양한 접근들을 수치화하여 보여준다. 일반적으로 좋아요와 댓글 수를 가장 중요하게 생각하는 사람들이 많은데 물론 이 두 가지도 중요하지만 다른 항목들의 중요도는 더욱 높다.

1 좋아요는 게시물이 타인에게 도달하였을 때 하트를 누르게 되면 올라가는 수치이다. 게시물의 이미지와 가장 관련이 높은 항목이다. 즉 이미지가 맘에 들면 좋아요를 누를 확률이 높다.

2 댓글은 보통 좋아요를 누른 사람들이 남기는 경우가 많은데 좋아요를 누르고 이미지에 대한 느낌을 표현하거나 이미지나 텍스트에 공감을 하여 의견을 남긴다. 이는 소통 지표로 인식되므로 계정의 도달율을 높이는데 잠재적인 도움이 된다. 댓글 수를 높이고 싶다면 텍스트로 의견에 대한 질문을 하거나 의문점 등을 남기는 것도 좋은 방법이다.

3 다이렉트 메시지는 게시물을 다이렉트 메시지를 이용해 공유한 경우에 올라가는 수치이다. 페이스북 등의 타 SNS에서 공유와 비슷하지만 다이렉트 메시지를 통해 소통을 할 수 있으므로 좀 더 높은

평가를 받는 지표이다.

4 저장은 게시물이 맘에 들어 저장해 놓고 나중에 또 보겠다는 것인데, 노출 수치를 올릴 수 있고 다시 찾아오게 만들 수 있는 기능이다. 또한 본인의 게시물을 리그램하거나 기억해야 할 게시물을 저장하는 용도로 사용하는 것도 좋다.

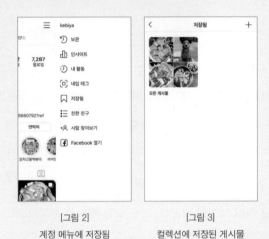

[그림 2]
계정 메뉴에 저장됨

[그림 3]
컬렉션에 저장된 게시물

5 반응은 두 개의 수치로 나누어지는데 프로필 방문과 웹사이트 클릭이다.

[그림 4]
게시물 인사이트의 발견

프로필 방문과 웹사이트 클릭 두 가지를 가장 중요한 지표로 생각한다. 프로필 방문은 관심을 가지고 프로필로 들어왔기 때문에 팔로워가 될 확률이 높다. 웹사이트 클릭은 프로필에 등록한 웹사이트 링크로 넘어가게 되는데 홈페이지나 구매 페이지로 연결되어 바로 매출이 일어날 수 있다.

인사이트에는 [발견]이 있다. 이 항목은 게시물이 도달된 정보를 나타내고 있으며 매우 중요하다고 할 수 있다.

1 도달한 계정은 게시물 인사이트를 통해 게시물에 대한 사람들의 반응을 분석할 수 있으므로 다음 게시물을 어떤 방식으로 등록해야 반응을 올릴 수 있는지 체크할 수 있게 된다.

2 이 게시물을 보고 나의 계정을 팔로우 한 숫자를 말하는 것이며 게시물로 인해 팔로우 한 사람은 0명이다.

3 도달은 나의 소식을 무작위로 노출 시켜준 숫자 5,380명 중에서

나의 게시물을 일정 시간 동안 보거나 클릭 등 행동을 한 계정의 숫자이다.

4 노출은 나의 게시물이 해시태그나 관심사에 따라 인스타그램 이용자에게 보이는 숫자이다.

ⓐ 홈은 인스타그램을 실행시키면 나오는 제일 처음 화면(인스타그램 하단의 집모양 아이콘)에서 노출된 숫자를 말한다.

ⓑ 해시태그는 내가 올린 게시물에 쓰인 해시태그의 검색 또는 관심사가 같거나 비슷한 인스타그램 이용자에게 노출된 숫자를 말한다.

ⓒ 프로필은 나의 게시물을 나의 계정 즉 나의 프로필로 들어와서 본 인스타그램 이용자이다.

ⓓ 기타는 나의 게시물을 추천/최근 게시물, 검색의 관심사 등에서 본 인스타그램 이용자의 숫자이다.

이와 같이 게시물 인사이트를 통해 게시물에 대한 사람들의 반응을 분석할 수 있으므로 다음 게시물을 어떤 방식으로 등록해야 반응을 올릴 수 있는지 체크할 수 있게 된다.

트렌드에 맞는
해시태그 찾는 법

해시태그를 키워드처럼 쫙쫙 뽑아낼 수 있다면 얼마나 좋을까? 그러나 명쾌하게 해시태그를 제안하고 뽑을 수 있는 방법은 개인적인 노하우를 제외하면 정답은 없다. 해시태그를 만들어주는 웹이나 어떤 해시태그가 인스타그램에서 어느 정도 사용되고 반응이 있는지를 알아볼 수 있는 프로그램은 많이 있다. 하지만 인스타그램 자체적인 해시태그에 대한 제안을 받아볼 수는 없다.

그럼 어떻게 해시태그를 찾아야 할까? 인스타그램은 마치 곳곳에 해시태그와 관심사에 대한 아이디어를 숨겨두고 있는 것 같다.

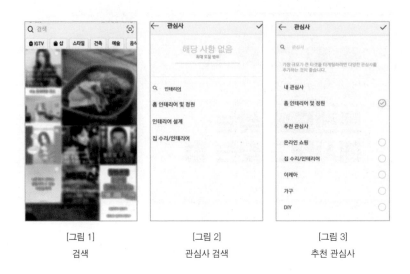

| [그림 1] | [그림 2] | [그림 3] |
| 검색 | 관심사 검색 | 추천 관심사 |

인스타그램 하단의 검색(Q)을 누르면 검색할 수 있는 화면이 나온다. 상단의 검색 아래로 몇 가지 분류된 카테고리를 확인할 수 있다. 이 카테고리는 현재 시점의 인스타그램의 호응도 높은 관심사를 기준으로 만들어졌다.

제품 또는 브랜드 이외의 해시태그를 설정할 수 있다. 인스타그램 광고를 하기 위해 타겟을 설정하고 나면 그림과 같이 연관검색어 개념의 추천 관심사 등이 노출된다. 이 관심사를 해시태그로 쓰는 것이 아니라 이와 연관된 단어를 생각하고 해시태그로 만들어 사용하면 된다.

인스타그램 사용자들이 흔히 범하는 오류 중에 하나는 해시태그를 게시물 상황에 맞게 쓰면 검색을 하거나 노출이 잘된다고 생각하는 것이다. 사실은 그렇지 않다. 해시태그는 단어로 표현되는 텍스트(키워드)의 그룹핑이다.

예를 들어 #육아 #맘스타그램 등을 검색하면 그룹핑 된 해시태그의 숫자가 보이는데 그룹핑 된 숫자가 많은 해시태그일수록 관심사가 많은 게시물은 맞지만 내가 올린 게시물의 해시태그가 노출될 확률은 더 낮아진다. 하지만 인스타그램에서 노출이 많이 되거나 최신 트렌드의 키워드인 해시태그는 인스타그램 자체에서 찾아보는 것이 가장 합리적인 방법이다.

[그림 4]　　　　　　[그림 5]　　　　　　[그림 6]

인스타그램 [검색]을 선택하면 보이는 인스타그램 분류별 카테고리이다. 각각 선택해보면 카테고리에 맞는 인기, 추천, 최근 게시물을 볼 수 있다

인기, 추천, 최근 카테고리를 기준으로 인스타그램 내의 그룹핑 된 해시태그를 찾아서 자주 이용하면 편리하다.

첫 번째로 검색어를 이용해 분류로 나뉜 키워드에 따른 해시태그를 검색할 수 있다. 장식 키워드를 검색하면 #장식장 #장식 #장식품 등의 해시태그가 추천 해시태그로 보인다.

[그림 7]

장식장 해시태그 검색

두 번째는 게시물을 올릴 때 글에 그룹핑된 해시태그를 넣을 수 있다. 키워드 분류에 따른 해시태그를 검색하면 동물 관련 키워드들이 나열된다. 강아지, 고양이, 댕댕이 등의 키워드는 동물의 분류에

[그림 8]
게시물 내 동물 해시태그

[그림 9]
게시물 내 스타일 해시태그

포함 되어있다.

스타일의 키워드를 검색하면 #옷 #패션 이 아니라 스타일에 관련된 키워드들이 나열된다. 해시태그 중 게시물과 맞는 부분을 선택하면 된다.

세 번째로 광고 타겟의 추천 관심사를 이용하는 방법이다. 인스타그램 [게시물 홍보하기] 또는 프로필의 [홍보하기]를 누르면 홍보를 진행할 수 있으며 타겟 직접 만들기란 화면이 보인다. 여기서 검색어를 입력하여 추천 검색어를 키워드로 잡는다.

관심사에서 여행을 검색하면 아래로 추천 관심사가 나온다. #관광 #휴가 #온라인쇼핑 등의 해시태그를 선정한다. 미용에는 #화장품 #피부 #Skin care 등이 나온다. 이 경우엔 #화장품 #피부 등

[그림 10]
관심사-미용

[그림 11]
관심사-여행

을 해시태그로 선정해도 된다.

[그림 10], [그림 11]는 광고를 위한 타겟팅을 하는 과정 중에 관심사를 검색하여 키워드를 찾는 방법이다. 두 관심사 모두 '쇼핑 및 패션' 추천 관심사가 나온다. 이 경우엔 #쇼핑및패션 의 해시태그를 선정하는 것도 해시태그를 노출할 수 있는 방법이다. 관심사를 검색하면 계정별에 따라 다른 추천 관심사가 나오기도 한다. 계정별로 모두 동일하게 적용되지 않는 점은 참고해야 한다.

세 가지 방법은 해시태그를 선정하는 기준의 일부기 때문에 참고하고 자신만의 방법을 찾는 것이 좋다. 네이버나 다음 등 검색엔진의 인기 검색어를 인스타그램에서 찾아보는 것도 방법이다.

진짜 인친
만드는 비법

우리가 흔히 말하는 '인친'은 인스타그램 친구의 준말이다. 페이스북 친구를 '페친'이라고 하는 것과 같은 의미이다. 이는 팔로워와는 다른 의미로 팔로우하지 않은 상태에서도 인스타그램을 통해 알게 되고 소통을 하고 있다면 인친이라 한다. 다른 소통 방식과 다르게 SNS 공간에서는 자신과 타인의 사생활을 쉽게 노출하고 접할 수 있으므로 쉽게 친근함을 느낄 수 있다. 그래서 단순하게 팔로워를 늘리는 것보다는 소통을 통한 진짜 인친을 만드는 것이 마케팅에 더 도움이 된다.

[그림 1]
맛의 고수 닭치고 밀떡볶이 조리 사진 인스타그램 게시물

[그림 2]
조리 사진 인스타그램 게시물의 댓글

'맛의고수 닭치고 밀떡볶이'의 인스타그램 게시물 중 하나를 살펴보면, 인친과의 소통을 하고 있음을 댓글 내용을 통해 알 수 있다. 이러한 소통은 고객이 본인을 단순한 고객이 아닌 구매했던 브랜드와 인스타그램을 통해 친하게 지내고 있는 인친으로 인식하므로 친근한 브랜드 이미지를 심어 줄 수 있다. 떡볶이 브랜드를 마케팅하면서 사용했던 방법을 예를 들어서 진짜 인친을 만드는 방법을 알아보자.

떡볶이를 인스타그램에서 검색하면 #떡볶이 해시태그가 달린 게시물이 무려 240만 개에 달한다. 그 중 한 게시물에는 누군가 마케팅을 위해 댓글 남긴 것을 확인할 수 있다.

'맞팔해요~'

'심심해서 구경 왔습니다.'

이러한 댓글은 이미 많은 이용자가 광고성 댓글임을 인식하고 있음으로 전혀 도움이 되지 않는다.

마케팅 대행사나 프로그램을 이용한 작업 댓글 작업은 마케팅을 잘 모르는 업체들이 수없이 많이 이용하고 있으므로, 이 방법으로 팔로워를 늘리거나 인친 모으는 일은 힘들다.

그렇다면 나의 계정으로 고객을 유도하기 위한 댓글은 어떤 식으로 남겨야 하는 것일까? 떡볶이를 마케팅하기 위해 떡볶이를 먹고 올린 게시물에 댓글을 남긴다면 아마도 이렇게 남기게 될 것이다.

[그림 3]
떡볶이 검색 결과

[그림 4]
게시물에 남겨진 마케팅 댓글

'침이 꼴깍~꼴깍~ 넘어가네요! 떡볶이 덕후로서 맞팔해요~'

'떡볶이는 사랑입니다. 저도 오늘 진짜 맛있는 떡볶이 먹고 피드 올렸는데~'

다음과 같은 댓글을 남긴다면 아마도 프로필로 한번쯤 이동해 볼 수도 있다. 하지만 이동 후 게시물들을 구경하다가 댓글을 남긴 사람이 떡볶이 판매자라는 것을 알게 되면 기분이 좋지 않을 것이다. 그래서 떡볶이를 마케팅한다면 떡볶이에 관심을 보일만한 예비 구매자들을 찾아 그들의 게시물에 프로필 이동을 유도하는 댓글을 남겨야 한다.

떡볶이를 좋아한다면 당연히 순대도 좋아할 것이므로 순대를 검색하여 나온 게시물 중 최근 게시물을 기준으로 하나씩 들어가 보도록 한다. 그럼 어떤 게시물에 댓글을 남겨야 효과가 좋을까?

[그림 5]
#순대 해시태그 검색 결과

팔로워가 많거나 댓글이 많이 달리는 인기가 있는 사람은 피하고, 팔로워가 300명 이하이며 댓글도 광고성 댓글 외에 잘 달리지 않는 계정의 게시물을 찾는다. 이때 상업성 계정(식당 및 판매자)은 제외한다.

[그림 6]
팔로워 186명인 계정의 프로필

[그림 7]
좋아요가 17인 게시물의 댓글

팔로워 수가 적고 게시물에 좋아요와 댓글이 별로 달리지 않는 위와 같은 계정이 좋은 타겟이 된다. 보통은 팔로워 수가 많고 인기 있는 계정을 인친으로 만드는 것이 좋다고 생각하는데, 경험으로 보면 인기 계정은 워낙 댓글도 많이 달리고 좋아요도 많이 받기 때문에 내가 댓글을 달면 반응은 할지 몰라도 프로필로 유도하는 것은 쉽지 않다.

위와 같이 게시물은 꾸준히 올리고 있으나 팔로워 수는 적은 계정은 게시물에 좋아요를 한 번 누르고 광고처럼 보이지 않는 일반적인 댓글을 달면 바로 반응하기 마련이다. 따로 시간을 내서 댓글을 다는 것보다는 잠깐씩 시간 날 때마다 이런 계정을 찾아서 좋아요와 댓글을 한 번씩 해주면 프로필 방문자가 확실히 늘어난다.

이것은 사람의 심리를 이용하는 마케팅 방법으로 일상적인 게시물을 올리는 사람들은 관심을 받으며 많은 팔로워와 다양한 소통을 하고 싶어 한다. 그래서 게시물을 올렸을 때 좋아요를 하고 댓글까지 남기는 사람을 궁금해 하기 마련이다. 내 게시물에 댓글을 남긴, 나에게 관심을 준 사람의 프로필을 들어가 보고 예의상 나도 댓글 하나쯤 남겨야 하겠다는 심리를 이용하는 것이다.

이 사람이 나에게 댓글을 남겼을 때, 그 계정을 팔로워하고 댓글에 댓글로 '선팔했어요 ^^ 자주 뵈어요~' 라고 남긴다면 팔로워를 유도하기 쉽다.

하루 30분으로
인친 관리하기

[그림 1]
팔로워 리스트

어렵게 모은 인친을 관리하지 않으면 내가 올린 게시물이 인친에게 노출될 확률이 떨어지게 되고 숫자만 채우게 되는 팔로워로 남게 된다. 수많은 팔로워를 어떻게 관리해야 효과적으로 할 수 있는지 많은 시간을 투자하지 않고 가능한 방법을 알아보도록 하자.

[그림 1]의 팔로워 리스트를 보면 2만 2천 명의 팔로워가 있는 것을 알 수 있다. 이 많은

인친들을 하나씩 찾아 들어가서 최근 게시물에 좋아요를 눌러주고 댓글을 달아주는 것은 물리적으로 불가능한 일이다. 인스타그램을 매일 관리하다 보면 눈에 익는 계정 이름이 생기기 마련이다. 자주 보이는 계정은 그때그때 게시물에 좋아요를 눌러주고 댓글로 관리하면 된다. 하지만 이 방법은 매번 비슷한 사람들만 소통하게 되므로 최근에 소통을 하지 못한 인친들을 찾아서 관리해야 한다.

지금부터 이야기하는 방법은 나를 팔로워 하거나 혹은 하지 않았어도 내 게시물에 좋아요를 눌러준 계정을 효과적으로 관리하는 방법이다. 본인이 게시한 게시물 중에 게시한 날짜가 꽤나 지난 게시물 하나를 골라 하루에 한 게시물씩 그 게시물에 관심을 보인 계정들만을 관리하는 것이다.

[그림 2]는 예전 게시물에 좋아요를 눌러준 계정 리스트이며, 이때 나오는 팔로잉, 팔로우는 나를 기준으로 한다. 곧 내가 팔로워 했으면 팔로잉, 안했으면 팔로우 버튼이 생긴다. 이것은 그리 중요하지 않고 이 리스트 위에서부터 한 명씩 계정을 방문한다.

[그림 2]
게시물의 좋아요를 누른 리스트

해당 계정이 최근에 게시한 게시물에 들어가 좋아요를 눌러주고 댓글을 남기도록 한다. 이때 댓글은 홍보 댓글이 아닌 소통 댓글로 하

는 것이 좋다. 그래야만 다시 나의 게시물에 좋아요를 누르거나 댓글을 달 확률이 높아지기 때문이다. 또한 나를 팔로워하지 않고 좋아요를 눌렀던 사람도 이를 통해 나를 팔로워할 수도 있으니 일석이

[그림 3]
게시물에 좋아요

[그림 4]
게시물에 댓글

조라 할 수 있다.

보통 식사 시간에 팔로워 관리를 하는 편인데 이 방법은 식사도 천천히 하게 되고 별도의 시간을 필요로 하지 않기 때문에 꽤나 유용하다고 생각한다. 이렇게 하루에 2~3번씩 예전에 올린 게시물에 좋아요나 댓글을 남겨준 계정들에게 관심을 표현해 주는 방식이 매우 효과적이니 매일 꾸준하게 해주는 것이 좋다.

댓글을 남기다 보면 익숙한 계정 아이디가 보일 때가 있다. 인친들끼리 겹치는 경우가 바로 그런 경우인데, 예를 들면 A라는 계정과 B라는 계정이 서로 소통을 하고 있는 사이이고 둘 다 나와 인친인 경우가 바로 이런 경우다. A계정 게시물에 댓글을 남기려고 들어갔더니 B계정이 댓글을 남긴 것을 보게 된다면, 우선 댓글을 남기고 나서 B계정 아이디를 태그하여 댓글에 대댓글을 남기는 것이 좋다. 이렇게 하면 A는 B와 내가 인친임을 알게 되어 더욱 친근함을 느끼게 된다.

그동안의 경험으로 보면 인친 관리는 지속적으로 관심을 보이고 소통하는 방법이 가장 좋다.

[그림 5]

나의 인친인 A의 계정에

[그림 6]

댓글을 남기러 들어갔더니 나의
인친인 B의 댓글이 보인다. A와
B는 서로 소통하는 인친이다

[그림 7]

먼저 A계정에 댓글을 남기고

[그림 8]

A의 인친이자 나의 인친인 B에
게도 댓글을 남긴다

129

댓글에서 놀아야
진짜 인싸

인스타그램을 하다
보면 진짜 인스타그램
을 사용하는 나의 친구
인지 프로그램으로 들
어와서 소통하는 것인
지 알기 어려울 때가
있다.

이럴 때 구별을 하

[그림 1]
인스타그램 게시물

[그림 2]
댓글로 소통하면서 확인

는 방법은 댓글에 다시 댓글을 달아 반응을 확인해보면 된다.

게시물에 댓글을 남긴 친구의 댓글에 대댓글 달았을 때 다시 댓글을 달면 프로그램이 아닐 확률이 높다. 이런 계정과는 인스타그램 친구가 될 수 있도록 소통을 시작하는 것이다. SNS에서의 소통은 댓글이 결국 시작이라 할 수 있으며 사람은 사진이나 영상과 대화하는 것이 아니라 사람과 대화하는 것이다.

인스타그램을 운영하다 보면 가끔 DM도 오고 내가 모르는 친구들이 댓글을 남기기도 한다. 대부분 목적이 있는(커머스 등을 운영하는) 인스타그램 계정 프로필에는 가끔 'DM 못 봐요'라는 글이 적혀있기도 하다. 그렇지만 댓글이나 알림에는 모두 반응을 해준다. DM은 운영자만 볼 수 있지만 댓글은 친구뿐만 아니라 평소 댓글을 남기지 않고 좋아요로 반응만 표시하는 친구도 '아, 여기는 진짜 댓글도 달아주고 대화도 하고 답변도 해주는 구나.' 라는 인식을 하게 된다.

[그림 3]
인스타그램 게시물

[그림 4]
댓글로 인친과 소통

계정 운영자는 인스타그램에 주제를 정하여 글을 남긴다. 사진이나 영상을 이용해 '이건 어때?', '이게뭘까?', '난 여기가 마음에 드는데 친구는 어때?' 등의 의문형 글을 남기고 댓글을 통해 대화하며 소통한다. 주제에 맞는 댓글 한 마디는 친구에게 알림으로 전달되며 이는 스토리에서 커다란 영향을 끼친다. 운영을 시작한지 얼마 되지 않아도 게시물을 통해 사진과 영상으로 소통하며 꾸준하게 댓글에 반응하면 팔로워 숫자와 비슷한 수가 스토리를 조회한다.

상품 판매, 공동구매뿐만 아니라 매장 방문 등을 원하는 계정은 꾸준하게 노력하면 사람들의 반응을 이끌어낼 수 있다. 사진, 영상은 보이는 정보일 뿐만 아니라 대화의 수단임을 반드시 기억하고 소통해야 한다.

댓글에서 놀기

게시글에는 내가 하고 싶은 이야기보다 친구가 듣고 싶은 이야기를 한다. 떡볶이를 판매하거나 알리고자 하면 떡볶이의 사진을 올리고 간단명료하게 설명한다. 또한 댓글이 달리면 답글을 달아주고 이야기를 이어나간다.

댓글을 남긴다는 건 그냥 스쳐가듯 좋아요만 누르는 것이 아닌 소통을 하고자 하는 것이며 댓글을 남긴 인친에게 대댓글 남기면 알림이 가게 된다. 실제로 댓글을 남기는 인스타그램 이용자는 활발한 활동을 하는 인스타그램 이용자라고 봐도 무방하다.

"참 매워 보이죠? 난 너무 맵던데 우리 인님(인스타그램 친구님)은 어떨 거 같아요?"

— **인친 A** "난 매운걸 잘 못 먹지만 요건 먹을만 하겠는데요?"
  ↳ 답글 "아~ 매운 거 잘 드세요? 저만 매운걸 잘 못 먹나봐요~ 담에 안 매운 떡볶이를 먹어볼까요?"

— **인친 B** "완전 매울듯요~ 많이 먹지 마세요. 속 아파요~!!"
  ↳ 답글 "속 아플 정도까진 안 먹었는데... 갑자기 배가.."

— **인친 C** "옷~ 이건 해장용인데요?"
  ↳ 답글 "해장으로 만들어주면 맨날 술먹고 들어올까봐요~~ 해장은 다른 걸 해줘볼까요?"

인스타그램을 레벨 업,
페이스북으로 알아보는
핵심 마케팅 비법

페이스북
3분만에 시작하기

페이스북은 모바일/PC에서 모두 가입 가능하며 스마트폰에서는 앱을 다운 받아 설치하고 가입하면 된다. PC로는 http://www.facebook.com으로 접속해 간단하게 가입할 수 있다.

페이스북 가입 이후 로그인해서 왼쪽 위의 자신의 이름을 클릭하면 개인 계정으로 이동할 수 있고 메뉴에서는 광고 관리자, 페이지 등이 보인다.

[그림 1] 페이스북 가입하기

[그림 2] 페이스북 로그인

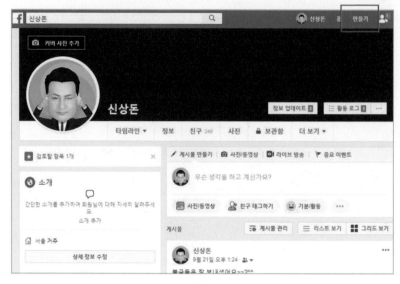

[그림 3] 개인 계정

가끔 계정이 여러 가지 이유로 비활성화 되는 경우가 있다. 그럴 때는 개인 계정의 프로필 사진은 정면 얼굴 사진으로 업데이트하고 개인 정보는 공개하지 않음으로 둔다.

페이스북 페이지 만들기

페이스북을 하나하나 알아보기에는 설정하고 살펴볼 것이 너무 많으므로 인스타그램을 운영하기 위한 페이스북 페이지만 알아보도록 한다. 샵 또는 광고의 기능을 이용하기 위해선 페이스북 페이지를 만들어야 하며 다음의 과정을 따라 페이지를 만든다.

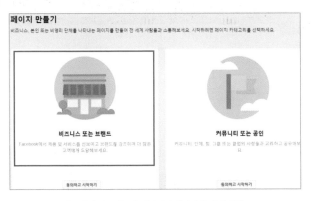

[그림 4] 비즈니스와 커뮤니티 페이지 중에서 선택

[그림 3]에 있는 [만들기]를 클릭하여 페이스북 페이지를 만든다. 비즈니스와 커뮤니티 페이지 중 [비즈니스 또는 브랜드]를 선택한다.

페이지 이름은 컨셉에 맞도록 자유롭게 정한다. 페이지 이름 변경은 꽤 까다롭기 때문에 이름 선택은 신중하게 한다. 카테고리는 나열되어있지 않으므로 제품, 브랜드, 매장을 검색해서 운영 컨셉에 맞는 카테고리를 선택한다. 인스타그램에서 샵을 만들어 페이스북 페이지와 연결하고 싶다면 제품/서비스 카테고리를 고르는 것이 좋다.

[그림 5] 비즈니스 또는 브랜드   [그림 6] 카테고리 선택

　　이름을 정하고 나면 다음 단계는 프로필 사진을 추가하는 것이다. 미리 준비하지 못하였다면 건너뛰고 프로필 사진과 커버 사진의 사이즈를 참고하여 나중에 업데이트한다. 사진을 업데이트하면 [그림 9]의 프로필 사진과 커버 사진 공간이 채워지게 된다.

[그림 7] 프로필 사진 추가   [그림 8] 커버 사진 추가

[그림 9] 만들어진 페이스북 페이지

페이스북 페이지를 만들었다. 이제 몇 가지의 설정만 하면 운영을
위한 준비가 끝난다.

페이지 오른쪽을 보면 '친구에게 페이지 좋아요 요청'이 보인다. 그
아래로 0/10은 페이지 좋아요를 10개 이상 채우라는 의미이고 10개를
채우면 몇 가지 기능을 추가로 사용할 수 있지만 운영에 커다란 영향은
없다. 만들어진 페이지 오른쪽 위의 [설정]을 클릭하면 페이지 설정을
위한 페이지가 나온다.

○ 프로필 사진

프로필 사진은 PC에서 170×170픽셀, 스마트폰에서 128×128픽셀, 피처폰에서는 36×36픽셀로 표시된다. 스마트폰의 사이즈로 맞춰 등록하는 것이 좋다.

○ 페이지 커버 사진

페이지의 커버 사진은 PC에서 820×312픽셀, 스마트폰에서는 640×360픽셀로 표시된다. 스마트폰의 사이즈에 맞춰 등록하라.

[그림 10] 템플릿 및 탭

메뉴 중에 [템플릿 및 탭]을 선택하여 템플릿이 쇼핑으로 되어있는지 확인해본다. 오른쪽의 템플릿이 쇼핑으로 되어있지 않다면 [수정]을 눌러 쇼핑으로 변경한다. 페이스북 페이지의 샵과 인스타그램 샵태그 설정을 위해 필요한 부분이다. 그 다음 [페이지 역할]을 클릭하면 페이지 관리자가 페이스북 가입 시 만든 이름으로 되어 있다.

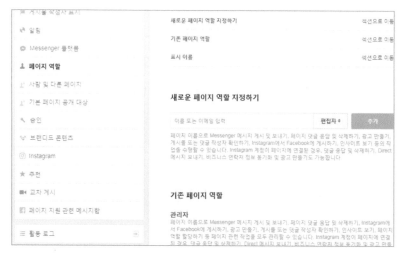

[그림 11] 페이지 역할

'새로운 페이지 역할 지정하기'에서 권한을 설정할 수가 있다. 검색창에 페이스북 가입자의 계정 이름을 입력하면 리스트가 나오는데 원하는 사람을 선택하고 권한을 부여해주면 된다. 페이지의 관리자나 편집자로 설정하면 페이지의 설정 등의 메뉴를 공유하여 사용할 수 있게 된다.

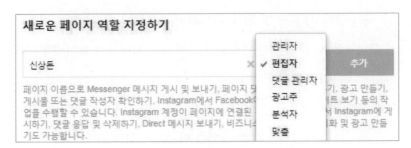
[그림 12] 권한 부여

　페이지의 관리자로 설정된 사람의 페이스북 아이디로 인스타그램과 계정 연결을 하면 인스타그램 광고와 댓글 관리 등의 운영을 함께할 수 있다. 설정에 따른 관리자의 역할은 다음의 표를 참고하면 된다.

　참고만 하자. 여기까지가 페이스북 페이지를 만들고 운영하기 위한 준비이다. 3분이면 충분하다.

구분	관리자	편집자	댓글 관리자	광고주	분석자	채용 정보 관리자
페이지 역할 및 설정 관리	○					
페이지 수정 및 앱 추가	○	○				
페이지 이름으로 게시물 작성 및 삭제	○	○				
페이지 이름으로 메시지 전송	○	○	○			
페이지 댓글과 게시물 대응 및 삭제	○	○	○			
페이지에서 사용자 삭제 또는 차단	○	○	○			
광고 만들기 홍보 또는 홍보 게시물	○	○	○	○		○
인사이트 보기	○	○	○	○	○	○
페이지 품질 탭 보기	○	○	○	○	○	○
페이지 이름으로 게시한 사람 확인	○	○	○	○	○	○
채용 정보 게시 및 관리	○	○				○

[표 1] 페이스북 페이지 관리 역할

인스타그램과 페이스북 연결하기

[그림 13] 페이지 역할

페이스북 페이지에서 인스타그램을 연결하고 인스타그램에서 페이스북 페이지에 연결한다.

[그림 13]의 페이스북 페이지 설정 메뉴 중 [Instargram] → [계정 연결]을 눌러 계정을 연결한다. 인스타그램 계정으로 로그인할 수

[그림 14] 페이지 역할

있는 팝업창이 열리고 로그인하면 인스타그램 계정과 연결된다. PC에

서 인스타그램에 로그인되어 있다면 그 계정으로 연결될 수 있으므로

미리 로그아웃 해놓는다.

[그림 15] Instagram 클릭

　페이스북 페이지에서 인스타그램으로 로그인하면 연결된 인스타그

램 계정이 나타난다. 인스타그램 계정을 연결한 이후에는 인스타그램에

서 페이스북 계정으로 로그인하여 인스타그램의 게시물 등을 함께 올릴

페이스북 페이지를 인스타그램 계정과 한 번 더 연결한다.

[그림 16]

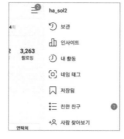

[그림 17]

인스타그램의 [메

뉴](☰)에서 제일 아래의

[설정]을 누른다.

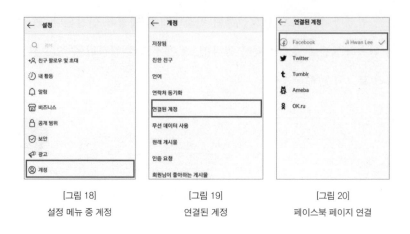

[그림 18]
설정 메뉴 중 계정

[그림 19]
연결된 계정

[그림 20]
페이스북 페이지 연결

설정에서 [계정]을 선택하고 [연결된 계정]을 누르면 페이스북 계정과 연결할 수 있는 메뉴가 나온다. 그중 [Facebook]을 클릭하여 페이스북 아이디와 비번을 입력하면 페이스북 계정의 이름이 나온다. 페이스북에서 인스타그램을 연결한 이후에 인스타그램 프로필에서 페이스북 페이지를 한 번 더 선택해야 한다.

[그림 21]
프로필 수정

[그림 22]
내 Facebook 내 페이지

인스타그램의 [프로필 수정]의 [페이지]를 누르면 인스타그램 계정과 연결할 페이스북 페이지들이 나온다.

148

연결할 페이지를 선택하면 인스타그램에서 업데이트되는 게시물은 페이스북 페이지로 공유된다. 인스타그램과 페이스북의 연결은 인스타그램에서 올리는 게시물을 페이스북에도 자연스럽게 노출하기 위한 것이다. 게시글을 올릴 때마다 페이스북에 노출할지 말지를 선택할 수 있다.

[그림 23]
다른 미디어에도 게시

인스타그램에서 게시물을 올릴 때 다른 미디어에도 게시 중 [Facebook]을 활성화시키면 페이스북 페이지에도 게시물이 업데이트된다. 인스타그램과 페이스북의 연결을 위해서는 인스타그램 계정을 비즈니스 계정으로 전환해야 하며 비즈니스 계정은 이후에 다시 개인 계정으로 변경할 수 있다.

인스타그램의 다양한 기능은 아직까진 스마트폰에서만 이용할 수 있다. PC를 이용한 공식적인 프로그램이 없어 최대한 스마트폰을 사용하기를 바란다.

페이스북 비즈니스 관리자 계정 만들기

[그림 24]
페이스북 비즈니스 관리자 계정을 만든다

인스타그램과 페이스북의 관리를 하기 위해선 페이스북의 비즈니스 관리자를 만들어야 한다. 비즈니스 관리자는 페이스북과 연결된 인스타그램의 기능 및 설정, 기타 관리를 한다.

https://business.facebook.com으로 접속해 비즈니스 관리자를 만들 수 있다. PC에서 페이스북에 로그인하고 [비즈니스 만들기]를 클릭해 계정을 만들면 된다.

[그림 25]
비즈니스 관리자 계정이 만들어지면 운영 관련 설정을 할 수 있다. [비즈니스 설정]을 클릭하면 비즈니스 관리자 메뉴를 볼 수 있다

150

페이스북 내에 포함된 비즈니스 관리자에서는 광고, 페이스북 페이지 운영, 인스타그램 계정 운영을 할 수 있다. 페이스북 페이지와 인스타그램 계정을 각각 등록하고 비즈니스용 광고 계정을 만든다. 광고 계정에서 페이스북 페이지의 샵을 만들어 상품 정보 DB인 카탈로그를 가져와 운영할 수 있다.

[그림 26] 비즈니스 관리자의 이름

비즈니스 관리자 화면의 위쪽에 있는 사람 이름을 클릭하면 관리하는 페이지 및 광고 계정 등을 볼 수 있다.

[페이지]에서 [추가]를 클릭하면 페이스북 페이지를 추가할 수 있는 화면이 나온다. 인스타그램과 연결하여 사용할 페이스북 페이지 이름을 입력하고 추가하여 비즈니스 관리자에 등록한다.

[그림 27] 페이지 추가

[그림 28] 추가할 페이지 등록

그 다음 비즈니스 관리자에서 사용할 광고 계정을 만들기 위해 [새 광고 계정 만들기]를 클릭한다.

[그림 29] 광고 계정 만들기

[그림 30] 쉽게 알아볼 수 있는 이름을 정하기

또는 [광고 계정 추가]에서 광고 계정을 추가할 수도 있다. 광고 계정을 만들 때 이름은 쉽게 알아볼 수 있는 것으로 입력한다. 시간대는 그대로 두고 통화는 반드시 'KRW — 대한민국 원'으로 선택한다.

[그림 31] 인스타그램 계정 연결

[그림 32] 아이디와 비밀번호 입력 후 연결 완료

이제 페이스북 페이지와 연결하여 사용할 인스타그램 계정을 등록한다. 메뉴의 [Instargram 계정]을 선택하고 추가를 클릭하면 운영 중인 인스타그램 계정을 모두 등록하여 사용할 수 있다.

팝업창에 인스타그램 아이디와 비밀번호를 입력하고 계정을 추가한다. 이제 인스타그램과 페이스북 페이지를 함께 사용할 준비가 모두 끝났다.

1 인스타그램 계정을 가입하고 비즈니스 계정으로 전환한다.

2 페이스북 계정 가입하고 페이스북 페이지 만든다. (인스타그램 계정을 전환하는 과정에서 페이스북 페이지 만들기와 계정 가입하기는 건너뛴다.)

3 인스타그램의 설정 → 계정 → 연결된 계정에서 2의 만들어진 페이스북 계정으로 로그인한다.

4 인스타그램의 프로필에서 프로필 수정을 클릭하고 2에서 만든 페이스북 페이지를 연결한다.

5 페이스북 비즈니스 관리자를 만든다.

6 페이스북 비즈니스 관리자에 페이스북 페이지, 광고 계정, 인스타그램 계정을 등록한다.

인스타그램 예약 게시물 올리기

인스타그램 게시물의 예약 운영이 가능해졌다. 외부의 프로그램 도움 없이 페이스북에서 1장짜리 이미지, 영상, IGTV, 여러 장의 이미지를 모두 예약 게시할 수 있게 되었다. 정식 용어는 인스타그램 포스트 발행이다. 인스타그램 예약 게시물은 인스타그램과 연결된 페이스

북 페이지에서 가능하다. 모바일 버전에서는 아직 불가능하며 PC에서

쉽게 예약 게시물을 업데이트할 수 있는 방법을 설명하려고 한다.

[그림 33] 페이스북 페이지 더 보기

[그림 34] 게시 도구에서 크리에이터 스튜디오 선택

[그림 33]의 페이스북 페이지 상단의 메뉴에서 더 보기의 [게시 도구]를 클릭한다. [게시 도구]에서 페이스북 페이지 메뉴 중 [크리에이터 스튜디오]를 선택한다.

[그림 35] 크리에이터 스튜디오 인스타그램 연결

[그림 36] 페이지와 연결된 인스타그램 게시글

[그림 35]처럼 [크리에이터 스튜디오] 메인 화면의 'Instargram에 연결'을 클릭한다. 그러면 페이스북 페이지와 연결되어 있는 인스타그램 게시물 정보가 나온다. [게시물 만들기]를 클릭하고 [그림 37]처럼 게시물을 업데이트할 계정을 선택하면 게시물을 올릴 수 있다.

[그림 37] 운영 중인 인스타그램 계정 선택

[그림 38] [게시] 버튼 클릭

운영 중인 인스타그램 계정 중에 게시글을 올릴 계정을 선택한다. 게시물 이미지 올리고 피드 설명을 쓰면 글자 수와 해시태그 수(인스타그램 해시태그는 현재 30개까지 쓸 수 있다.)까지 모두 안내해준다. [게시]를 클릭해 [지금 게시]와 [예약] 중 원하는 것을 선택한다. 예약된 시간이 되면 인스타그램 계정에 자동으로 업데이트된다.

인스타그램에서
공동구매 오픈하기

인스타그램에서 공동구매를 하면 운영이 잘 될까? 많은 사람들이 매우 궁금해 하는 것이 바로 이 부분일 것이다. 그럼 실제로 인스타그램에서 매출이 나올까? 인스타그램 공동구매로 매출은 발생한다.

정확히 말하자면 인스타그램에는 결제 기능이 없다. 그래서 인스타그램 계정의 프로필 링크나 게시물의 링크로 연결된 쇼핑몰, 구매 페이지에서 매출이 발생하는 것이다. 쇼핑몰 등의 준비과정에 시간이 걸릴 경우 DM 등을 이용하여 직접 주문을 받아서 처리하기도 한다.

요즘 대부분의 쇼핑몰에서 유입되는 경로를 추적할 수 있기 때문에 인스타그램에서 유입된 수를 분석하여 인스타그램에서 매출이 발생한다고 이야기하는 것이다.

다음은 실제로 공동구매로 제품을 인스타그램에서 판매하여 매출이 나오는 계정이며 처음 공구 오픈 시에 나오는 매출을 보여준다.

[그림 1]
별난맘 계정

[그림 2]
쇼핑몰로 연결

[그림 3]
구매 유도

육아와 인테리어, 주방용품 등의 카테고리로 공동구매를 운영하는 인스타그램 계정이다. 인스타그램 계정에서 쇼핑몰로 고객을 유입시키며 쇼핑몰의 상세 페이지에 가독성이 높은 이미지를 강조하여 모바일에 최적화시켜 구매를 유도한다.

[그림 4]	[그림 5]	[그림 6]
프로필로 공구 안내	진행할 상품 상세 안내	DM 주문

계정의 프로필에 공구 예정을 알리고 DM Direct Message을 이용해 주문을 받는다고 알려주고 있다. 게시물로 공동구매를 진행할 제품에 관한 상세한 설명을 알려주고 댓글 등으로 소통한다. 그리고 DM을 통해 가격 등의 정보를 나누고 주문을 받아 제품을 배송한다. 인스타그램 공동구매는 카카오, 네이버 밴드 등의 공동구매와 커다란 차이는 없다. 하지만 노출 및 도달 등의 차이가 큰 변수이며(현재까지는 인스타그램의 도달율이 좋다.) 제품의 사진 또는 영상으로 설명해야 한다. 물론 제품의 가격 역시 중요하다.

인스타그램에서의 공동구매 방식은 두 가지 정도로 나눌 수 있다. 게시물의 사전 공지를 이용해 미리 공동구매 일정을 알린 이후에 공동구매를 오픈하는 방식과 게시물을 등록함과 동시에 구매가 가능하도록 쇼핑몰 등에 상품을 등록하여 놓는 것이다.

공동구매를 시작하자

물론 공동구매는 가능하나 팔로워나 호응해주는 인친들의 숫자가 적을 경우에는 광고의 힘을 다소 많이 빌려야 하므로 어느 정도 팔로워가 모였을 때 소통하며 공동구매를 진행하는 편이 좋다. 계정 호응도에 따라 1,500~5,000명 정도의 팔로워가 있을 경우 공동구매나 홍보 활동 등을 시작한다.

공동구매를 시작하기 위해선 판매할 제품의 배송 또는 판매가격 등을 먼저 확인하고 쇼핑몰이나 문의하는 친구들에게 보여줄 상세한 설명을 담은 페이지를 준비한다.

1. 운영 중인 인스타그램 계정에 제품 등록하기

인스타그램 계정에 공동구매를 시작하는 제품의 콘텐츠를 등록한다. 인스타그램은 고해상도의 사진과 동영상에 최적화되어 있으며 만들어진 그림, 글자가 포함된 사진이나 이미지는 자연 도달과 광고에서의 노출이 줄어든다.

편집된 이미지 파일 즉 그림은 노출이 불리하게 작용하므로 가급적 실사 컷을 준비한다. 사진에 글을 쓰지 않도록 하고 사진에 대한 설명은 피드로 해주어야 한다. 또한 여러 장의 이미지를 1개의 게시물로 업데이트하면 도달 자체가 사진에 따라 분산되므로 가급적 1장의 사진으로 업데이트한다.

첫 번째 게시물을 보면 2장을 같이 올렸다. 그러면 1번과 2번 사진의 노출과 도달이 분산되며 도달되는 계정에 따라 1번 사진이 먼저 보이기도 하고 2번 사진이 먼저 보이기도 한

[그림 7]
사과 게시물 2장

[그림 8]
사과 게시물 1장

다. 같은 사과의 게시물이나 1장의 이미지로 올릴 경우 노출과 도달의 분산이 발생하지 않는다. 그래서 인스타그램 게시물은 1장의 사진으로 올리도록 해야 한다.

제품에 표시된 글자도 글자의 면적으로 분류되기 때문에 가급적 글

씨가 없는 사진을 사용하도록 한다. 제품명 등 글씨가 반드시 들어가야 할 경우에는 글씨의 크기나 면적이 적은 사진을 사용하도록 한다.

[그림 9]
글씨가 많은 사진

[그림 10]
글씨가 없는 사진

2. 공동구매 오픈 전에 미리 알리기

게시물을 올릴 때 정확하고 명확한 상품의 정보를 전달하며 바로 판매할 수도 있다. 하지만 1~3일 전에 알림 등을 미리 받도록 하며 실

[그림 11]
업데이트 일정 공유

[그림 12]
알림 댓글

[그림 13]
공동구매 시작 시에 알림

사 컷을 보여주는 경우가 많다.

[그림 14]
인스타그램 계정을 통해 알림

공동구매 시작 전 미리 게시물을 업데이트해서 예정을 알려준다. 그리고 알림 댓글을 달아주면 공동구매 시작 시에 알림을 주겠다는 안내를 한다. 공동구매가 시작되면 댓글을 남겨놓은 고객에게 댓글로 알림을 알려준다.

댓글에서 고객의 인스타그램 계정을 호출하면 자동으로 알림이 간다.

3. 페이스북으로 광고 진행하여 효율 높이기

공동구매를 시작하면 가급적 1장짜리 실사 컷 이미지를 업데이트하여 도달율을 높이고 페이스북 페이지를 이용하여 좋아요, 광고 등을 함께 시작한다.

4. 구매 가능 쇼핑몰로 연결하기

공동구매 오픈 후 광고를 할 경우는 당연히 구매가 가능한 쇼핑몰로 연결해야 한다. 인스타그램 프로필로 들어올 수 있도록 광고를 운영하여 판매하는 제품들의 실사 컷을 다수 노출하고 나의 인스타그램 계정의 고객(인스타그램 프로필로 자주 들어오며 프로필에 있는 제품을 구매하기 위해 쇼핑몰로 들어가는 인스타그램 사용자)**으로 유도하면 좋다.**

피드는 인스타그램에서
광고는 페이스북에서

운영하는 인스타그램은 게시물 업데이트와 팔로워 추가 등의 작업을 인스타그램에서 직접 운영하며 연결된 페이스북에서는 광고를 운영한다. 페이스북은 인스타그램의 광고 운영 도구로 사용한다.

인스타그램에서 공동구매를 하거나 매장 방문 유도나 브랜딩을 하기 위해서 인스타그램 스타일의 영상이나 사진을 업데이트하는 것이 좋다. 텍스트가 없는 1장짜리 사진 또는 텍스트의 비율이 없는 1분 이하 15초 정도의 영상에 최적화되어 있다.

인스타그램에서 게시물을 업데이트하면 페이스북 페이지로 연결되어 함께 업데이트된다. 그러므로 페이스북에 함께 업데이트된 인스타그램 게시물을 광고한다. 물론 인스타그램 자체에서 광고나 홍보 운영도 가능하나 이럴 경우 광고옵션의 선택 폭과 다양한 스타일의 광고를 운영하는 것에 제한이 있다.

인스타그램 계정을 몇 군데 살펴보다 보면 팔로워 숫자는 많지 않은데 유독 좋아요 또는 댓글 등의 호응이 많은 계정이 있다. 좋아요가 많다는 건 친구들의 유입수 또는 계정의 호응도가 높다는 인식이 생기기 때문에 많은 사람들이 좋아요를 늘리고자 한다.

[그림 1] 인스타그램에 연결된 페이스북 페이지

계정과 연결된 페이스북 페이지의 [Instargram 게시물 홍보하기]를 이용하면 내가 설정한 인스타그램 타겟으로 게시물이 전달되기에 좋아요를 많이 받을 수 있다. 이렇게 광고를 하는 것이 인위적인 프로그램보다는 효율이 더 좋으며 노출 대비 반응도가 매우 좋다.

[그림 2] 홍보할 게시물 선택

인스타그램에서 올린 1장짜리 사진이 나타난다. [게시물 홍보하기] 버튼을 누르면 [그림 3]과 같이 타겟을 설정하고 광고를 운영할 수 있다.

타겟과 광고 비용을 설정한 후 하단의 [홍보하기]를 클릭하면 인스타그램으로 광고가 시작된다. 하지만 이 광고는 게시물을 클릭하여 나의 쇼핑몰이나 프로필로 유입시키는 '더 알아보기' 등의 링크를 넣을 수 없다.

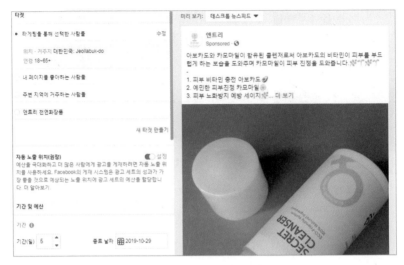

[그림 3] 타겟 설정 및 홍보하기

[그림 4] 광고를 운영하지 않은 상태의 좋아요

　광고를 운영하지 않은 상태에서 좋아요 개수는 88개이다. 인스타
그램 계정에는 광고를 이용한 좋아요 숫자와 팔로워가 눌러준 좋아요
숫자가 합산되어 표시된다.

　광고 게시물이 아닌 나의 게시물의 좋아요 숫자는 88개이다. 하지
만 실제 보이는 좋아요는 137개이다. 광고 게시물을 보고 좋아요를 눌

[그림 5]
실제로 보이는 좋아요 개수

러준 실제 숫자는 137-88 = 49개인 것이다. 광고 예산은 1일 1,000원으로 기본 설정되어 있다.

이와 같은 광고는 프로필 또는 제품을 구매할 수 있는 페이지로 연결할 수 없는 단점이 있다. 하지만 정확한 타겟 설정으로 인스타그램의 친구들에게 가장 정확하게 도달되어 좋아요 숫자를 많이 늘릴 수 있다.

광고에 의해 좋아요 숫자가 늘어나기 때문에 게시물에 좋아요를 눌러준 사람들을 대상으로 소통하면 팔로워를 찾는 일이 훨씬 줄어들고 빠르게 팔로워를 늘릴 수 있다.

인스타그램의 게시물에 인위적으로 좋아요를 붙이는 프로그램 등을 사용하면 계정 활성도가 많이 저하된다. 외부의 프로그램을 사용하는 것보다는 직접 광고를 진행하는 것이 효율도가 많이 높다.

페이스북 페이지에서 [게시물 홍보하기]로 광고를 진행하면 [더 알아보기] 등의 링크를 넣을 수 있다. [더 알아보기]의 링크를 넣으면 계정이나 쇼핑몰 등으로 보낼 수 있다. 광고는 반드시 광고 관리자를 이용하여 광고를 운영하도록 한다.

[그림 6] 광고 관리자

[그림 7] 광고 관리자 노출 위치 설정

페이스북 광고 관리자를 이용하면 노출 위치를 수정하고 선택할 수 있다.

모바일에서만 광고를 할 수 있도록 선택할 수 있으며 그중에서도 인스타그램에만 게시물 광고를 진행할 수 있다.

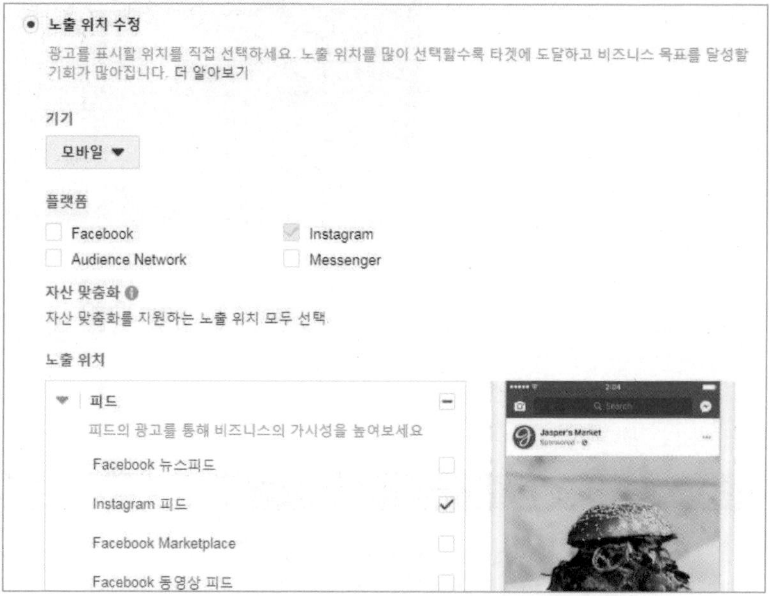

[그림 8] 광고 관리자 노출 위치 수정 – 인스타그램에만 노출

타겟 마케팅?
꼭 필요한 부분만 알면 된다

타겟?
어떻게 설정할 것인가

인스타그램에서의 타겟은 목적에 따라 여러 가지 의미가 있지만 제품 판매/브랜딩/홍보에 따라 분류를 나눌 수 있다. 지금의 인스타그램은 남녀노소 수많은 사람이 가입하여 활동을 하고 있다. 그리고 그들의 관심은 각각 다를 것이다.

[그림 1]	[그림 2]	[그림 3]
랜딩 페이지 설정	타겟 설정	홍보 완료

　　인스타그램 계정의 [홍보하기] 버튼을 누르면 위 그림과 같이 타겟을 설정할 수 있는 화면으로 전환된다. 인스타그램에는 사진 찍기를 좋아하며 맛있는 음식을 좋아하는 사람, 전자제품을 좋아하고 최신의 트렌드가 반영된 패션을 좋아하는 사람, 연예인을 좋아하는 사람 등 다양한 사람이 있다.

　　인스타그램은 내가 눌러보는 게시물의 종류에 따라 주요 관심사가 무엇인지를 파악한다. 어느 시간대에 가장 많이 인스타그램을 이용하고 얼마동안 인스타그램을 보는가에 따라 분류해두는 것이다.

　　분류가 되는 방식은 몇 가지가 있으나 대표적인 방식은 게시물의 제목과 어떤 해시태그를 가진 게시물에 반응을 하는지를 보는 것이다.

내가 인스타그램을 시작하는 순간 특정 관심사를 가진 그룹에 속하게 된다. 그리고 이 분류는 인스타그램만 알고 있다.

만약 고데기를 인스타그램에서 판매를 하고 싶다면 고데기를 살만한 사람은 누가 있을지 생각해보아야 한다. 미용실 운영자? 학생? 여성? 20대 이상의 남녀? 장발의 남녀? 한국사람?

고데기를 팔기 위해 몇 가지 관심사에 따라 미용실 운영자에게 고데기를 보여주고, 학생들에게 고데기 사용 영상을 보여준다. 그리고 20대 이상의 남녀에게 '이거 한 번 사봐.'라고 말을 하며 장발의 남녀에게 '고데기가 필요하지 않니?'라는 질문을 한국 사람들에게 한다.

[그림 4] 타겟 설정

페이스북 광고 관리자의 타겟을 설정하고 위치와 연령대, 성별, 언어를 선택한다.

[그림 5] 관심사를 선택하여 광고 진행

주요 관심사를 선택하고 모바일에서 인스타그램으로 광고를 할 수 있다. 쉽게 말해 타겟은 내가 제품을 판매하거나 브랜딩하거나 홍보를 할 경우의 목적에 맞는 대상의 분류이다.

○ 곰탕의 타겟

음식, 레시피, 맛집, 20~40대, 남녀

한국어를 사용하는 대한민국 사람

○ 강남구 삼겹살집의 타겟

음식, 삼겹살, 회사원, 남녀, 고기

○ 패션잡화 브랜드

지갑, 벨트, 패션, 구매에 관심을 보인 사람, 쇼핑

게시물에 맞는 타겟군을 미리 설정하고 타겟을 만들어야 목적에 맞는 분류의 사용자들에게 소식을 알릴 수 있다.

▍타겟 마케팅을 하자

타겟의 정의를 알게 되었으면 이제 타겟 마케팅을 해야 한다. 그렇다면 타겟 마케팅은 어떻게 하는 것일까? 타겟 마케팅은 의외로 간단하다. 상품이나 콘텐츠 등을 봐줬으면 하는 사람들에게 광고를 보내 인지도를 올리고 판매를 하거나 매장 방문을 유도하는 것이다. 인스타그램뿐만 아니라 구글 애드워즈(유튜브도 포함), 트위터, 페이스북, 카카오, 네이버 밴드 등 마케팅을 할 수 있는 플랫폼에는 타겟팅을 할 수 있도록 가입자들이 모두 분류되어 있다.

이 분류된 그룹에 시기 적절한 콘텐츠를 발사(?)하면 되는 것이다. 물론 광고를 이용하지 않는 타겟 마케팅 기법도 많지만 우리는 기본만을 다루기로 한다. 콘텐츠가 원하는 타겟에게 정확히 도착하면 콘텐츠에 따라 구매를 하거나 가입을 하거나 매장을 방문하는 등의 행위를 하게 된다.

타겟 광고의 방법 중에는 리타겟팅, 맞춤 타겟팅, 유사 타겟팅, 전환 타겟팅 등의 용어들이 많이 쓰이고 있다. 쉽게 이야기하자면 구매 등의 목적에 따라 다시 보내고, 또 보내고, 사라고 보내고, 자꾸 보내는 행위를 말하는 것이다. 인스타그램 외의 플랫폼도 타겟팅, 리타겟팅, 유사, 맞춤, 전환 타겟팅의 툴을 제공하고 있다.

게시물이 원하는 타겟에게 도달하도록 하는 것이 물론 중요하지만 전달되는 소식은 간단명료해야 한다. SNS 플랫폼에서의 사진이나 영상 즉 콘텐츠는 스토리를 만들어 보여주는 것이 아니라 먼저 인식하게 만든 후 스토리를 설명해야 한다.

콘텐츠에서 배경이나 사용법 등 스토리를 보여주는 것이 아니라 제품 자체를 먼저 보여 주고 이후에 사용법 등을 보여준다. 이 부분은 동영상 콘텐츠에도 해당된다.

광고 관리자에서의
광고

원하는 타겟을 설정할 준비가 되었다면 이제 인스타그램 계정과
연결된 페이스북의 광고 관리자를 이용하여 페이스북에서 인스타그램
으로 광고를 운영해야 한다. 인스타그램에서 볼 수 있는 모든 종류의
광고를 다 볼 수는 없기 때문에 게시물을 광고하는 기본 방식을 설명하
고자 한다.

광고를 하려면 페이스북의 [광고 관리자] 클릭한다.

[그림 6] 현재 운영 중인 광고

광고 관리자를 열면 현재 운영 중인 인스타그램과 페이스북의 광고 현황을 보여준다. 내 게시물의 광고가 인스타그램과 페이스북 중 어느 플랫폼에서 많이 노출되었는지 광고 게시물의 클릭과 참여 등을 확인할 수 있는 화면이다. 인스타그램 운영자는 습관처럼 이 광고 관리자를 활용하여 콘텐츠의 호응도 등을 파악하고 이를 분석하여 원하는 타겟에게 원하는 시간에 광고 게시물을 보낼 수 있어야 한다.

[그림 6]에서 상단의 [만들기]를 클릭한다.

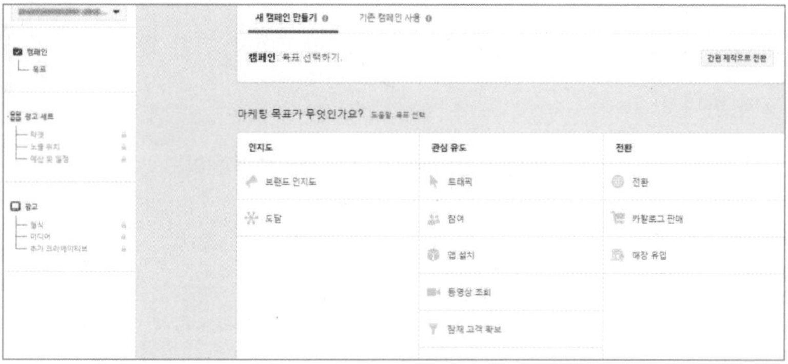

[그림 7] 새 캠페인 만들기

광고의 목적에 따라 광고를 운영할 수 있는 메뉴들이 나온다. '인지도'는 클릭과 참여보단 노출 위주의 광고 운영이며 '관심 유도'는 게시물에 댓글 등을 남기는 참여를 유도하는 광고 방식이다. '전환'은 페이스북 추적 코드(픽셀이라고 한다.)를 이용해 페이스북과 인스타그램에서 쇼핑몰 등으로 유입된 고객에게 게시물을 보내주는 운영 방식이다.

앞의 분류는 페이스북의 분류에 따라 클릭을 잘 하는 사람, 링크를 잘 누르는 사람, 쇼핑몰로 진입을 잘하는 사람, 게시물만 자주 보는 사람 등으로 분류되어 있으며 광고하는 타겟에 따라 게시물을 도달시킨 다고 보면 된다.

각각의 특성에 따라 광고 셋트를 만드는 방식에는 약간의 차이는 있으나 기본 패턴은 동일하므로 트래픽을 이용할 수도 있다.

트래픽은 인스타그램의 링크, 게시물의 링크 등을 클릭하여 쇼핑몰로 진입하는 등 페이스북과 인스타그램의 고객을 유도하는 방식의 광고이다. 사실 클릭을 자주 많이 하는 사람의 분류에 게시물을 보내겠 다는 의미로 해석하면 된다.

페이스북 광고는 캠페인(광고 스타일) 선택→광고 셋트(타겟 등의 설정) →광고(광고할 콘텐츠의 선택)의 제작 순으로 이루어진다.

[그림 8] 트래픽 선택

트래픽을 선택하고 하단에 캠페인 이름은 광고를 운영하는 운영자가 잘 알아볼 수 있는 용어로 간단하게 적는다. 다음을 클릭하면 광고 셋트를 설정할 수 있는 화면으로 전환된다.

[그림 9] 도착지 선택

광고 셋트 이름은 광고 운영자가 알아볼 수 있는 쉬운 이름으로 자유롭게 설정하며 트래픽 모을 곳의 도착지(랜딩될 곳)를 선택한다. 나의 광고 게시물을 본 사용자가 온라인 쇼핑몰 또는 웹사이트 등으로 이동할 수 있도록 운영하는 웹사이트를 선택한다.

이제 광고할 타겟을 설정한다. '새 타겟 만들기'는 처음부터 타겟을 만드는 것이고 '저장된 타겟'은 이미 저장된 타겟을 불러와서 광고를 운영하는 것이다. 효율이 좋은 타겟은 자주 불러와 사용하고 셋에서 만드는

[그림 10] 새 타겟 만들기

184

타겟을 저장하면 타겟 메뉴에 저장이 된다. '맞춤 타겟'은 광고 이후에 광고의 실적을 기반으로 다시 타겟을 만드는 것이다.

위치는 대한민국으로 선택을 한다. 매장 광고 등을 운영할 경우엔 지역 설정에 나의 매장이 위치한 지역을 넣어주면 된다. 그러면 매장 위치를 기반으로 근처의 사람들에게 광고가 도달된다. 하지만 상품 판매와 브랜드 등의 광고를 운영하려면 대한민국 전체를 대상으로 광고하여야 한다.

광고할 연령대와 성별을 선택하고 언어는 기본적으로 지역을 대한민국으로 설정했기 때문에 한국어로 자동 셋팅되나 가급적 한국어로 셋팅한다.

상세 타겟팅에선 광고 운영자가 생각해두었던 키워드를 입력하여 관심사를 주로 셋팅한다. 페이스북 광고의 키워드

[그림 11] 상세 타겟 설정

는 만들 수 없으며 이미 설정되어 있는 키워드 즉 관심사를 찾아서 선택하여야 한다. 하단의 [이 타겟 저장]을 클릭하면 만들어 놓은 타겟을 저장하고 불러 쓸 수 있다.

[그림 12] 노출 위치 설정

　　광고를 운영할 위치를 설정하는데 대부분의 SNS 이용자들은 모바일에서 주로 게시물을 받아보므로 '노출 위치 수정'을 선택하고 데스크톱을 해제한다. 그러면 PC를 보는 사용자에겐 광고 게시물이 노출되지 않는다.

　　이제 광고가 노출될 플랫폼을 선택한다. Instargram 부분만 남겨두고 모두 해제하여 인스타그램으로만 광고가 진행되게 한다. 그리고 아래의 노출 위치에 마우스를 올려 어떻게 광고 게시물이 보이는지 오른쪽 화면으로 확인한다.

[그림 13] 광고 게시물 예시

[그림 14] 광고 게재 최적화 기준

광고 예산과 일정을 설정해야 한다. 광고는 고객 유도를 운영하는 트래픽 광고이며 노출이나 페이지 조회보다는 링크를 클릭해야 쇼핑몰 등으로 넘어오기 때문에 링크 클릭을 기준으로 한다.

예산은 광고 타입에 따라 총예산과 일일 예산으로 설정할 수 있으며 1일 광고 금액을 설정하기 때문에 일일 예산으로 설정하며 금액은 기본 설정 금액으로 셋팅되어 있으며 금액은 줄이거나 늘려도 된다.

광고비 설정은 현재 1일 1,000원이 최저 액수이다. 페이스북 광고는 관심사와 금액에 따른 자동 입찰과 수동 입찰로 나누어져 있다. 광고를 운영한 이후 광고 비용 등에 대한 분석 후 입찰 방식을 정한다. 광고 운영 일정은 반드

[그림 15] 예산 및 일정

시 확인하고, 광고를 운영할 기간도 반드시 선택해야 하는데 광고 일정을 선택하지 않을 경우 1개월 동안 광고가 자동으로 운영되므로 반드시 기간을 확인한다. 하단의 [계속]을 눌러 이제 광고할 콘텐츠를 선택하고 광고를 운영하면 된다.

광고 부분으로 전환될 대표 계정과 인스타그램 계정을 선택하라는 메시지가 나온다. 페이지는 페이스북에 광고될 때 표시되는 페이지명이고 인스타그램은 게시물을 광고할 계정이다. 비즈니스 관리자에 인스타그램 계정을 등록할 경우 운영 중인 인스타그램 계정에서 모두 광고를 운영할 수 있으며 광고할 인스타그램 계정을 선택한다.

[그림 16] 대표 계정 선택

[광고 만들기]와 [기존 게시물 사용]이 있다. [광고 만들기]를 하면

광고가 운영되는 기간 동안 게시물이 존재하며 이후 게시물은 삭제가 된다. [기존 게시물 사용]은 인스타그램 계정에 올려놓은 게시물을 광고하여 광고가 끝난 이후에도 광고 실적 등을 볼 수 있으므로 [기존 게시물을 사용]으로 광고를 진행한다.

[그림 17] 광고 만들기

[그림 18] 기존 게시물 사용

[기존 게시물 사용]에서 [게시물 선택]을 클릭하면 아래로 게시물을 선택할 수 있는 화면으로 바뀐다. 그리고 광고할 계정에 올린 게시물이 나열된다.

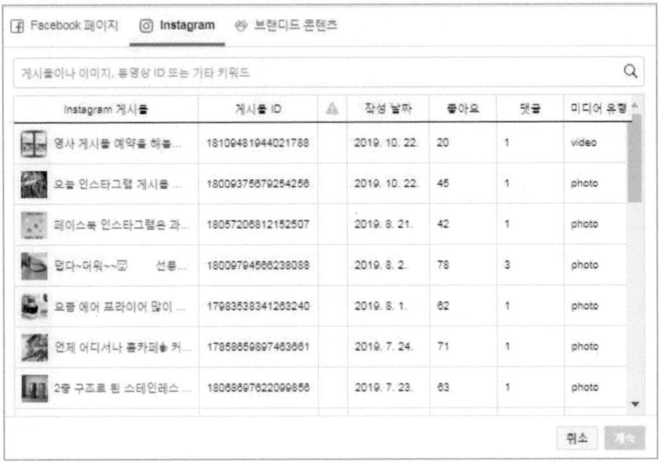

Instagram 게시물	게시물 ID	⚠	작성 날짜	좋아요	댓글	미디어 유형
영사 게시물 예약을 해를...	18109481944021788		2019. 10. 22.	20	1	video
오늘 인스타그램 게시물...	18009375679254256		2019. 10. 22.	45	1	photo
페이스북 인스타그램은 과...	18057206812152507		2019. 8. 21.	42	1	photo
멉다~머워~🤣 선물...	18009794566238088		2019. 8. 2.	78	3	photo
요즘 에어 프라이어 많이 ...	17983538341263240		2019. 8. 1.	62	1	photo
언제 어디서나 롯카페 커...	17858658897463661		2019. 7. 24.	71	1	photo
2중 구조로 된 스테인레스 ...	18068697622099856		2019. 7. 23.	63	1	photo

[그림 19] 게시물 선택

[Instargram]을 선택하여 올렸던 게시물 중 광고를 운영할 게시물을 선택한다.

광고할 게시물을 고르고 웹사이트 주소에는 고객이 방문하길 원하는 쇼핑몰이나 프로필의 링크

[그림 20] 방문 웹사이트 주소 삽입

190

를 넣는다. 행동 유도를 [지금 구매하기]나 [더 알아보기]를 선택하면
오른쪽 화면으로 게시물이 광고될 때 어떻게 보이는지 알려준다.

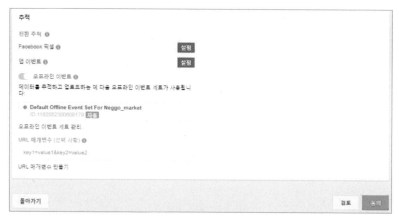

[그림 21] [동의]하여 광고 게재

하단의 [동의]를 누르면 광고가 요청된다. [동의]를 누른다고 해서
바로 광고가 진행되는 것이 아니다. 게시물과 타겟 등의 검수 후 광고
가 활성화되고 광고가 노출된다.

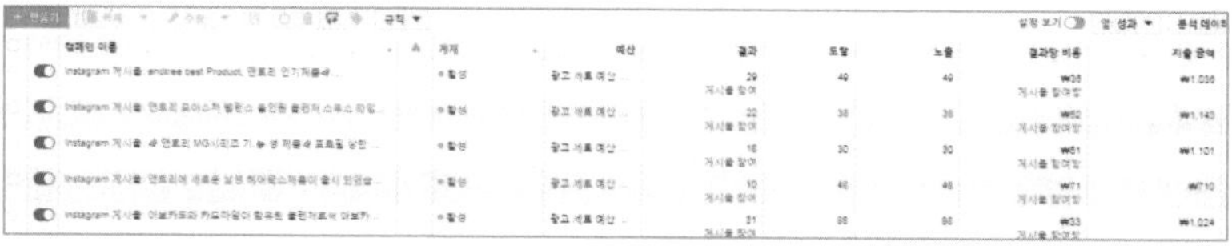

[그림 22] 광고 관리자 승인 검토

광고 관리자 화면으로 돌아오면 광고가 승인되기 전엔 검토 중으로 표시된다. 승인이 되면 광고는 활성으로 바뀐다. 페이스북을 이용한 인스타그램의 광고는 인스타그램 앱에서도 가능하지만 페이스북의 광고 관리자를 이용하면 다양한 광고를 운영할 수 있다. 광고의 방식은 캠페인에 따라 약간의 차이는 있으나 광고를 운영하는 기본 형식은 동일하므로 영상 게시물 등 콘텐츠의 분류에 따라 운영하길 바란다.

광고 결과 분석?
1분에 끝내기

광고 결과는 숫자이며 필요한 것은 광고를 이용해 매출이 발생했다는 확신이다. 인스타그램이나 페이스북에서 광고를 진행한 후 과연 매출이 발생했는지, 매장 방문이 증가했는지, 브랜딩을 위한 도달이 많이 발생하였는지가 궁금해진다. 흔히 광고 결과 분석을 할 때 ROAS, ROI, CPM, CPC, CPS 기타 등 여러 가지 용어를 설명한다.

- **ROAS** | 광고 비용 투입 대비 수익률

- **ROI** | 전체 투입 비용 대비 매출 전환율

- **CPM** | 1,000명당 도달 비율과 비용

- **CPC** | 클릭 당 광고 비용

- **CPS** | 노출 당 광고 비용

용어를 알고 분석을 한다면 더 빠른 감이 생기겠지만 중요한 것은 용어가 아니다. 중요한 것은 내가 원하는 데이터를 보고 추론해서 결과를 만들 수 있어야 한다. 결과 분석은 의외로 간단하다. 보는 관점에 따라 정도의 차이는 있을 수 있다.

인스타그램의 프로필에 있는 [홍보]를 선택하면 진행한 광고의 내용을 확인할 수 있다. 어떤 게시물을 광고하였는지 올린 게시물과 좋아요 숫자, 댓글, 저장한 숫자를 보여주며 이 게시물 광고로 나의 프로필로는 몇 명이 들어

[그림 1]
홍보 인사이트

[그림 2]
노출과 지출 등 확인

왔으며 프로필 내의 쇼핑몰 등의 링크를 몇 번이나 클릭했는지 보여준
다. 또 게시물의 노출 횟수와 이 노출로 인하여 팔로우가 추가된 숫자
와 광고 집행 금액이 나온다.

결과적으론 좋아요 숫자보다는 프로필 방문과 웹사이트의 클릭 숫
자가 많이 발생해야 쇼핑몰로 유입된다. 그래서 웹사이트 방문자의 숫
자가 많이 발생하는 것이 좋다.

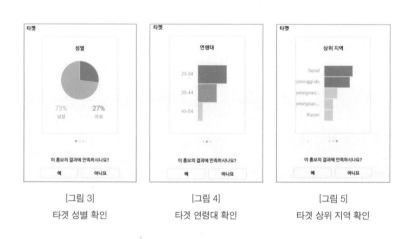

[그림 3]
타겟 성별 확인

[그림 4]
타겟 연령대 확인

[그림 5]
타겟 상위 지역 확인

광고 진행 시에 설정하였던 타겟의 달성도 등을 보여주는데 성별
을 확인할 수 있다. 또 광고된 게시물의 연령대와 노출이 많이 된 지역
을 볼 수 있다. 매장 광고를 운영하였을 경우 나의 매장이 위치한 지역
에 광고가 많이 되었는지 확인해 볼 필요가 있다.

그럼 또 의문이 생길 수 있다. 광고비를 투입했을 때와 안했을 때 매출과 직접 연결되는 건 얼마나 될까? 광고를 어떤 사람들이, 어떤 시간에 어떠한 관심사를 가지고 보았을까? 광고를 하지 않고 더 정확히 말하자면 비용을 투입하지 않으면서 효율을 일으킬 수 있는 방법은 없을까?

결론부터 말하면 내 입맛대로 원하는 결과를 보여주는 광고 관리자는 없다. 광고를 만드는 것도, 비용을 투입하는 것도, 분석을 하는 것도 오롯이 나의 몫이다.

인스타그램 광고는 페이스북 광고 관리자를 통하여 디테일한 분석을 해볼 수 있다.

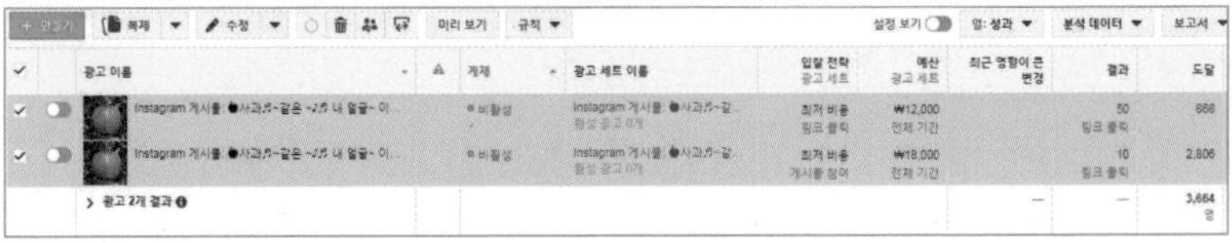

[그림 6] 페이스북 광고 관리자

[그림 6]을 보면 인스타그램에서 30,000원의 총예산으로 진행된 광고는 페이스북에서 자동으로 금액에 따라 광고 셋트를 나눈다. 인스타그램 앱에서 30,000원의 예산을 가지고 운영했다. 페이스북 광고 관리

자를 보면 30,000원의 금액 중 12,000원은 트래픽의 링크 클릭 광고로 진행되었고 18,000원의 금액은 좋아요 또는 댓글 등의 참여를 유도하는 참여 광고로 진행되었다. 인스타그램 광고이지만 페이스북 AI가 자동으로 분류하여 운영된 것이다. 셋트로 나누어진 광고의 도달과 클릭 수를 조회할 수 있다.

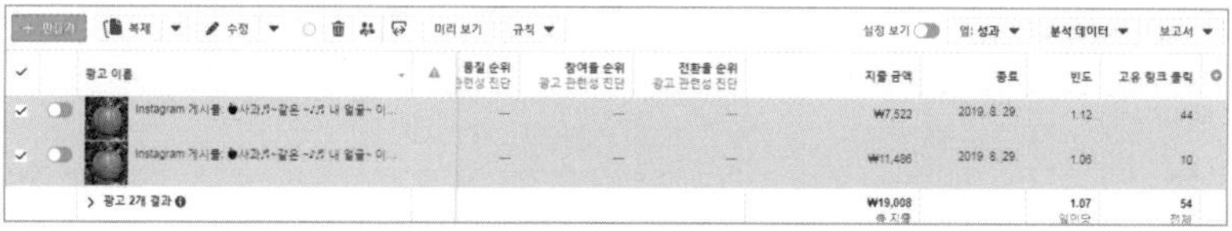

[그림 7] 광고가 운용된 비용 확인과 링크 클릭 수

광고 관리자 하단의 스크롤바를 우측으로 이동시키면 노출된 게시물이 노출된 횟수와 그 횟수에 따른 클릭 당 비용, 광고가 운용된 전체 금액을 볼 수 있다. 사용된 금액대비 클릭율이 높아야 쇼핑몰이나 웹사이트로 유입될 확률이 높다. 링크 클릭율을 최대한 높여주는 것이 광고의 주요 목적 중 하나이며 게시물 스타일, 타겟 등을 분석하여 최대한 클릭율을 높여야 한다.

페이스북의 광고 분석은 도달, 노출, 클릭율 등을 우선적으로 분석한다. 우측 상단의 파란 ➕표시를 누르면 운영된 광고를 더 분석해 볼 수 있게 해준다. 제일 하단의 다른 열 추가를 누르면 된다.

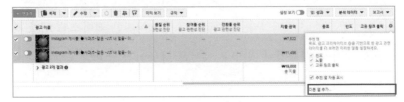

[그림 8] 운용된 광고의 분석

[그림 9] 광고 분석열 추가

[그림 9]는 광고 분석열을 추가하는 팝업창이다. 이 창을 처음 열었다면 모든 버튼을 클릭하여 보고 광고를 분석해보길 바란다. 이후에는

주로 클릭 발생율 위주의 분석을 하면 된다.

[그림 10] 관리자 분석

이외에 페이스북 광고 관리자에서는 성과와 게재별, 행동별 데이터를 분석해볼 수 있다. 관심 있게 봐야 할 부분은 광고가 노출되는 연령 및 성별, 노출기기, 광고 운영 시간대이다. 게시물이 설정된 타겟에 따라 잘 운영되었는지, 적절한 연령대로 노출이 되었는지, 광고가 가장 활발한 시간대는 언제인지 등을 분석하여 최적의 시점을 찾아내야 하는 것이다.

이 결과를 통해서 매출 상승이 일어났는지, 브랜드 인지도가 올라갔는지를 알 수는 없다. 다만 위 결과를 근거한 쇼핑몰의 유입량과 매출 분석 그리고 직접적으로 연락이 오는 DM 등을 통해 살펴볼 수밖에 없다.

그럼에도 광고를 운영하는 것은 인스타그램 계정의 활성화와 많은 인스타그램 사용자에게 소식을 알리기 위한 것이다. 인스타그램 친구를 모두 찾아갈 수 없으니 광고를 통해 찾아오게 하는 것이다.

데이터를 통해
봐야 할 것

제일 먼저 살펴볼 것은 아무래도 비용이 투입되는 부분이다. 그다음 투입된 비용대비 노출, 도달, 클릭 전환, 구매 등의 결과를 살펴보면 된다. 광고 관리자에서는 도달, 노출, 클릭 수 등이 나오는데 노출이 아닌 도달 횟수에 비한 클릭 수를 분석하고 콘텐츠별 도달 횟수를 비교한다. 도달이 많이 된 게시물의 클릭율이 높기 때문에 우선적으로 살펴보아야 하는 부분은 도달 횟수에 따른 클릭율이며 클릭 당 비용과 전체 지출 금액을 살펴보고 이를 근거로 쇼핑몰 매출을 분석하여 광고 예산 등을 배정하고 운영해야 한다.

페이스북 광고 관리자의 결과는 비용이 투입된 부분만을 분석한다. 그래서 매출이 발생한 것인지 아닌지 헷갈릴 수 있다. 광고 관리자에 의한 노출과 클릭 수, 쇼핑몰 등으로 랜딩되는 숫자, 자연 노출과 도달, 공유 등이 발생하여 랜딩된 숫자를 구분하여 볼 수 있도록 해야 한다. 또 게시물의 광고에 대한 성과와 광고가 아닌 성과를 나누어 볼 수 있어야 한다.

인스타그램은 항상 자연스러운 도달이 발생하고(팔로워 수의 7%~20%) 광고로 인한 도달 성과가 발생하여 나의 계정을 둘러보러 온 친구들에게 자연스럽게 노출된다.

광고 관리자만 볼 수 있으면 거의 모든 플랫폼 광고 관리자를 볼 수 있다. 광고 관리 운영이나 알고리즘은 거의 유사하기 때문이다. 즉 코어Core라 불리는 엔진이 비슷하다는 이야기다.

[그림 11] 광고 관리자

유튜브의 영상과 구글 배너 광고를 운영하는 구글애드 워즈 화면이다. 캠페인 등의 용어가 페이스북 광고 관리자 화면과 상당히 유사하다.

여기서 팁은 콘텐츠 중 서로 비슷한 콘텐츠를 가지고 각 SNS 플랫폼의 광고 관리자를 운영해 보는 것이다. 물론 광고 관리자 사용 이전에 인스타그램의 프로필 관리, 페이스북 페이지, 트위터 계정, 유튜브의 채널 셋팅 등 기본 작업(이미지나 영상 등의 게시물 업데이트 등)은 미리 되어 있어야 한다.

[그림 12] 사이트 유입 등을 분석해 볼 수 있는 구글 애널리틱스

[그림 13] 트위터의 광고 관리자(광고 매니저)

202

[그림 14] 트위터의 유입량 등을 체크하는 트위터 프로필 애널리틱스

쉿, 진짜 고수들만
알고 보는
SNS 마케팅 매출 전략

남과 다른
프로필 구성법

SNS 마케팅을 위해서 프로필 구성을 제일 먼저 해야 한다. 매출이 목적이라면 프로필에 많은 사람들이 방문하게 만들고 피드를 둘러보고 프로필과 연결된 쇼핑몰을 클릭하게 만들어 판매도 해야 한다.

인스타그램 커머스의 제일 첫 번째는 팔로워가 많아야 한다. 그래야 조회수도 높아지고 클릭 수도 많이 발생한다. 이 부분 때문에 일상을 노출하고 호감도를 상승시켜 팔로워에게 제품이나 매장의 정보를 제공하고 프로필의 웹사이트 링크 클릭을 유도해야 한다.

  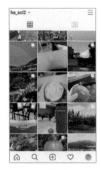 

[그림 1]   [그림 2]   [그림 3]   [그림 4]

공구몬에서는 공동구매와 제품 판매를 병행하고 있기 때문에 프로필의 첫 화면에 제품 판매 등의 문구를 적어서 제품을 판매하는 계정임을 보여준다.

별난맘은 주로 육아를 키워드로 주부들을 대상으로 하는 제품을 판매한다. 공동구매 중인 제품은 프로필 첫 화면에 적어 정보를 전달하고 쇼핑몰로의 유입을 권하고 있다. 프로필에 있는 웹사이트 링크를 누르면 운영 중인 쇼핑몰로 이동한다.

하솔이의 프로필에는 웹사이트 링크가 있으며 실제로 제품 판매한다. 이 계정의 운영자는 매일 2시간 이상씩 시간을 투자하여 인스타그램 친구들과 실제로 소통을 한다. 그래서 제품 판매를 하지만 팔로워가 급격하게 빠지거나 하는 경우는 없다. 제품 판매와 소통이 모두 이루어지기 때문이다.

키고스는 육아 위주의 콘텐츠를 운영하는데 30~40대의 육아맘들과 주로 일상, 육아 등의 주제로 소통을 하고 프로필 링크로 연결되어 있는 쇼핑몰을 운영하고 있다.

운영 방식에 따라 다르겠지만 일상을 올리다가 제품을 올린다고 해서 팔로워가 줄거나 늘어날 확률은 그리 높지 않다. 그럼 프로필은 어떻게 구성을 해야 할까? 어떻게 프로필을 꾸며 놓아야 많은 인친들이 보러 올까? 반복해서 이야기하지만 답은 카테고리를 분명히 하는 것이다. 인스타그램에서 정해진 형식은 없기에 각자 최고의 방법을 찾아 구성해야 할 것이다.

[그림 5]
해피맘스고고
(@happymoms_gogo)

[그림 6]
공구몬

운영자가 모델로써 자신의 모습을 보여주며 자신 있게 판매하는 모습은 고객이 될 인스타그램 친구들에게 확실한 신뢰를 심어준다.

해피맘스고고(@happymoms_gogo)는 육아맘의 계정이지만 육아의 모습만 보여주지는 않는다. 일상의 사진을 통해 공감대를 형성하고 계정의 주제에 맞는 육아 아이템 등을 사용해보거나 리뷰 형식의 게시물을 이용해 판매와 육아를 병행하는 모습을 보여준다. 이 경우는 쇼핑몰이나 회사의 운영처럼 정해진 절차에 따른 딱딱한 응대를 할 경우 인스타그램 친구들이 금방 떠나기에 운영자가 적극적으로 소통하는 것이 정말 중요하다.

공구몬은 계정 운영 처음부터 회사 쇼핑몰로의 유입을 염두에 두고 운영하였기 때문에 모든 사진과 영상이 제품 위주로 구성되어 있다. 초기에는 제품을 소개하고 판매만 하는 곳이라는 인식 때문에 약간의 고생(?)을 하였지만, 꾸준한 소통과 고객 응대, 광고/홍보를 적절히 운영하여 현재는 쇼핑몰 유입 창구로써의 역할을 충분히 해내고 있다.

○ 카테고리를 확실히 정하고 계정을 운영하자

1 제품 판매, 육아 등의 일상, 매장의 홍보 등 큰 맥락을 정한다.

2 큰 틀에 따른 콘텐츠를 생산한다.

3 1과 2의 주제에 따른 인스타그램 친구를 지속적으로 찾아 소통한다.

4 프로필로 들어오게 해 인스타그램으로 이야기하는 모습을 분명히 보여주어야 한다.

인스타그램 프로필에는
어떤 기능들이 있을까?

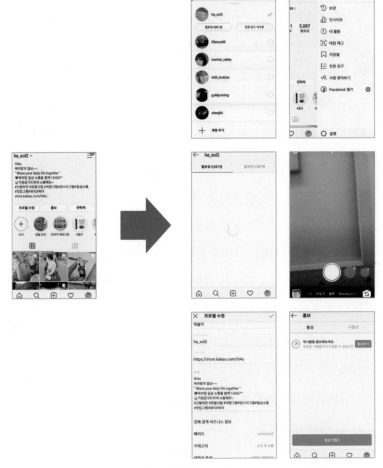

[그림 7] 인스타그램의 여러 기능

인스타그램 프로필에서 운영할 수 있는 대략적인 기능들이다. 인스타그램은 지금도 계속 업데이트가 일어나고 있으므로 기능은 계속 변화할 것이다.

먼저 운영 방향을 설정하고 프로필이 잘 구성된 인스타그램 계정은 다중 로그인이 가능하고 계정의 전환을 자유롭게 할 수 있다. 왼쪽 상단의 [메뉴](≡)를 이용해 각종 통계, 인사이트, 계정 설정을 운영할 수 있다. 또 계정의 팔로우와 내가 팔로잉 하는 친구들을 찾아볼 수 있다.

프로필 사진의 파란 ➕ 를 누르면 인스타그램 라이브부터 스토리 제작 등 다양한 콘텐츠 구성이 가능하다. 그리고 [프로필 수정]을 이용해 프로필 사진의 변경과 계정에 대한 소개, 설명, 웹사이트의 등록 및 변경, 페이스북 페이지 연결 등의 기능을 사용할 수 있다.

인스타그램의 각종 기능은 그냥 만들어지는 것이 아니라 기본 기능 출시 이후 사용자의 요구에 따라 여러 가지 기능이 출시 또는 변경되고 있다. 예를 들어 인스타그램의 콘텐츠는 인스타그램 내에서 직접 촬영하여 바로 업데이트하는 기능에서 동영상의 편집, 라이브의 운영 등으로 발전되었다. 새로 출시되는 기능이 어떠한 요구 때문에 출시되는지를 잠시 생각해보면 수많은 기능들의 활용이 가능해질 것이다.

카메라의 기능이 라이브로 확대 출시되었을 때 자신의 모습을 드러내는 것에 두려움이 없던 이용자들은 자신의 모습을 라이브로 직접 노출하여 상품 판매 등을 진행하여 신뢰성과 효율성의 증가를 보았다. IGTV가 출시되었을 때는 수많은 기업의 홍보 영상과 브랜드 스토리 등의 15분 내외의 장편(?) 영상을 활용하는 도구로 사용되었다.

인스타그램 게시물의 예약 기능은 2019년 8월 페이스북 페이지의 크리에이티브 스튜디오에 추가되어 많은 사진 등을 시간별로 업데이트해야 하는 인스타그램 운영자에게 도움을 주고 있다. 인스타그램을 비즈니스에 활용하고 싶다면 최소한 1일 1회 이상은 지속적으로 살펴보아야 한다.

프로필 구성의 비법은 단순하다. 프로필로 방문할 수 있도록 유도하는 문구를 잘 적어주고 프로필의 카테고리를 분명히 설명해주며 잘 만들어진 게시물과 영상을 업데이트하면 된다. 때때로 광고도 해주면 좋다. 그러나 이런 활동들은 누구든지 하고 있는 것이기에 남들보다 주목받기 원한다면 조금 다른 차원의 프로필을 구성해야 한다.

인스타그램과 페이스북에서 동시에 운영할 수 있는 콘텐츠들에는 어떤 것이 있고 어떤 콘텐츠를 이용해 운영했을 때 좀 더 효율적인지 알아보자.

[그림 8]은 여러 장의 사진을 1개의 게시물로 보여준다. 2장의 사

진을 올렸을 때의 게시물 인사이트는 802회의 노출과 600회의 도달이 일어났다. 하지만 팔로워는 추가되지 않았다.

[그림 8]
2장의 사진을 올린 경우

[그림 9]
2장의 사진을 올렸을 때 인사이트

같은 계정에 올린 1장짜리 게시물이다. 계정 운영자의 사진이기 때문에 반응이 더 있을 수 있지만 좋아요 숫자보단 노출과 도달의 차이를

볼 수 있다. 게시물 인사이트를 보면 1장의 사진이 노출과 도달이 더 좋다.

여러 장의 사진과 1장의 사진의 게시물은 페이스북에 동시에 업

[그림 10]
1장의 사진을 올린 경우

[그림11]
1장의 사진을 올렸을 때 인사이트

데이트할 수 있다. 하지만 여러 장의 사진은 페이스북에서 [Instargram 게시물 홍보하기]가 불가능하다. 그러므로 인스타그램 계정에 여러 장의 사진을 1개의 게시물로 올리는 것보다는 1장짜리 사진을 올려주는 것이

효율적이다.

두 계정을 살펴보면 별난맘 계정은 배경, 사진 찍는 각도, 게시물 설명, 피드 전체 구성이 하나의 일관성이 보인다. 보스맘 계정은 각각의 사진이 제법 흥미롭게 찍혀 있지만 피드

[그림 12]
별난맘(주방, 인테리어, 육아 제품 공동구매)

[그림 13]
보스맘(공동구매, 계절 상품, 식품, 소형가전 등 판매)

전체의 구성으로 보자면 배경, 콘텐츠, 배경 등이 일관적이지 못하다.

인스타그램의 이용자는 프로필로 들어와서 피드를 보기보단 계정에서 피드로 받아보는 비율이 높다. 하지만 우연히 나의 인스타그램 프로필로 들어온 사람에게 '여긴 이런 거 하는 데고 이런 사진이 많구나!'라는 느낌을 주어야 한다.

[그림 14]는 위드라비체의 광고 게시물의 이미지다. [그림 15]는 게시물 홍보하기를 진행하지 않은 스토리(하이라이트)의 인사이트다. 프로필 내에 사진으로 업데이트한 사진과 비슷한 사진을 스토리(하이라이트)

로 노출시킨 화면이다.

노출 횟수는 광고를 운영한 게시물보다 광고를 운영하지 않은 스토리가(하이라이트) 많은 노출 횟수를 보인다. 자주 보여주고 많이 보여주며 많이 알리려면 스토리(하이라이트)를 적극 활용하도록 한다.

[그림 14]
광고를 운영한 게시글

[그림 15]
광고를 진행하지 않은
스토리의 인사이트

215

하이라이트
제대로 활용하기

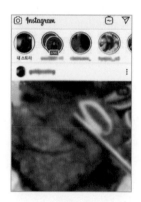

[그림 1]
인스타그램 스토리

인스타그램 스토리는 인스타그램에 접속하면 상단에 동그라미로 보이는 부분이다.

팔로워가 스토리를 만들어 올리면 나의 계정에서 보인다. 아직 보지 않은 스토리는 동그라미에 빨간 선이 쳐진다. 또한 나의 인친이 인스타그램 실시간 라이브를 하고 있다면 동그라미 하단에 'LIVE(●)'라고 표시된다. 이 스토리는 24시간 유효하며 24시간 이후에는 없어진다.

스토리를 만들어 올리면 팔로워의 계정에 모두 노출이 되기 때문에 스토리를 만들고 LIVE를 진행하면 팔로워가 실시간 방송에 모두 접속을 할 것이라고 생각을 할지도 모른다. 하지만 예상과 달리 팔로워의 일부에게만 소식이 간다.

피드에 올리는 게시물은 팔로워 전체 숫자의 7~20% 정도로 자연 노출이 이루어진다. (공식적인 통계는 아니고 경험적인 수치이다.) 그럼 팔로워가 이제 100명이라면 7명~20명에게 노출된다고 보면 된다. 물론 피드나 게시물은 천천히 시간을 두고 20% 이외의 팔로워에게 천천히 보내지긴 한다. 아주 천천히.

그럼 스토리는 왜 운영을 할까? 스토리의 최대의 장점은 피드에 올리는 게시물보다 도달율 자체가 높으며 인스타그램 친구의 상단에 우선 노출된다.

만들어진 스토리의 좌측 하단에는 스토리를 읽은 사람 숫자가 표시되며 바로 위의 아이콘을 클릭하면 스토리 인사이트를 볼 수 있다. 스토리 인사이트는 스토리가 도달한 숫자와 프로필 방문자 등의 숫자를 조회할 수 있으며 좌측 상단의 톱니바퀴 모양의 설정을 클릭하면 스토리 설정을 할 수 있다. 스토리를 보지 못하게 할 인스타그램 이용자 설정 등 나의 인스타그램 스토리에 관한 설정을 할 수 있다.

[그림 2]	[그림 3]	[그림 4]
공구 일정 공지	인사이트	스토리를 노출할 사람 설정 가능

스토리는 게시한 시간부터 24시간 동안 인친의 피드에 노출되며 24시간 이후에는 삭제된다. 그 후에는 인스타그램 하이라이트에 노출할 수 있으며 스토리를 조회한 사람을 알 수 있기 때문에 소통하고자 하는 인스타그램 이용자에게 '저의 스토리를 봐주셔서 고마워요.' 등의 댓글을 남겨 소통의 수단으로 만들 수 있다.

인스타그램 스토리는 사진이나 영상의 게시물보다 높은 도달율을 발생시키며 24시간 이후 하이라이트(○)로 전환하여 프로필로 들어온 팔로워에게 첫 번째로 노출할 수 있다.

[그림 5]	[그림 6]	[그림 7]
프로필 화면 하이라이트	스토리 화면	게시물 화면

인스타그램 프로필을 보면 제일 먼저 동그란 하이라이트를 보고 스토리를 확인할 수 있다. [그림 6]과 [그림 7]은 같은 내용을 담은 게시물이지만 스토리의 게시물은 전제 화면으로 노출된다. 게시물로 올리면 스크롤하며 게시물을 눌러야 화면으로 보인다.

스토리와 하이라이트 만들기

스토리는 24시간 이후 삭제되지만 저장된 스토리를 이용하여 하이라이트를 만들어 프로필에서 계속 노출시킬 수 있다.

[그림 8]
프로필 사진의 ➕

[그림 9]
스토리 만들기

[그림 10]
스토리 만들기 완료

인스타그램 프로필 사진의 파란 ➕ 표시를 클릭한다. 그럼 스토리 만들기로 화면이 전환된다. 하얀 버튼을 누르면 즉시 사진이나 영상을 추가할 수 있으며 제일 하단 왼쪽의 네모 박스 안의 사진을 누르면 스마트폰의 갤러리가 열리고 준비되어 있는 사진을 선택한다. 이후 전환된 화면에서 왼쪽 제일 하단의 내 스토리를 클릭하면 스토리 만들기는 완료된다.

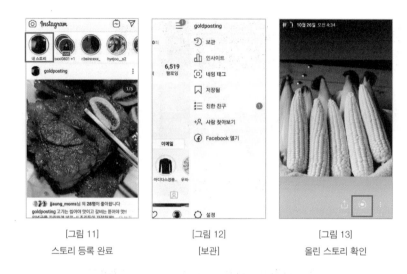

[그림 11]	[그림 12]	[그림 13]
스토리 등록 완료	[보관]	올린 스토리 확인

스토리가 완료되면 인스타그램 홈 화면에 빨간 테두리로 표시가 되고 팔로워에게 알림이 전달되어 게시한 시간으로부터 24시간 동안 활성화된다.

인스타그램 메뉴(≡)에서 보관을 누른다. 그러면 방금 작성한 스토리가 보관되어 있다. 스토리 하단의 하이라이트 버튼(♡)을 누르면 프로필에 하이라이트를 게시할 수 있다.

[그림 14]	[그림 15]	[그림 16]
하이라이트 제목 입력	완료 버튼 클릭	완료된 하이라이트 게시

[그림 17]

게시가 완료된 하이라이트의 오른쪽 하단의 더보기

[그림 18]

하이라이트를 수정하거나 삭제, 홍보 가능

인스타그램 스토리와 하이라이트는 광고가 가능하다. 스토리는 작성 이후에 즉시 광고하고 하이라이트는 스토리 게시와 동시에 광고로 활용하는 것이 좋다.

광고를 하면 팔로워 증가에 도움이 되고 프로필, 웹사이트, 다이렉트 메시지 중 프로필로 유입을 선택하여 인스타그램 이용자가 나의 프로필로 들어와서 더 많은 게시물을 보고 팔로우할 수 있도록 유도하는 방법을 많이 사용한다.

고독한 라이브 방송을 파티장으로 만들기

인스타그램 라이브는 영상으로 소통할 수 있는 실시간 방송의 개념으로 페이스북 라이브, 유튜브 라이브와 비슷하다.

인스타그램 홈 화면 좌측 상단의 카메라 그림을 누르면 라이브를 할 수 있는 준비 화면이 나온다. 제일 하단에 [라이브], [만들기]를 볼 수 있다. 그중 [라이브]를 선택하면 라이브를 시작할 수 있도록 기능이 활성화되고 [그림 2] 하단의 빨간 안테나 모양을 누르면 라이브가 시작된다. 라이브가 시작되면 왼쪽 상단에 라이브가 시작됐다는 '라이브 방송' 빨간 버튼이 나온다.

[그림 1]
인스타그램 홈

[그림 2]
인스타그램 라이브

[그림 3]
라이브 방송 시작 화면

[그림 4]
라이브 중 소통

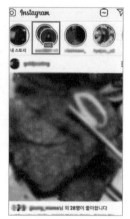

[그림 5]
인스타그램 홈 화면의 라이브
중 표시

225

라이브가 시작되면 팔로워 일부에게 라이브를 한다는 알림이 전달된다. '라이브 방송' 버튼 옆에 숫자로 라이브를 보고 있는 팔로워가 표시되고 대화나 메시지로 소통하면 된다. 라이브가 시작되면 팔로워에게 알림 이외의 인스타그램 상단에 실시간 라이브 중이라는 스토리 창(⬜)이 보인다. 라이브를 종료할 경우 삭제된다.

SNS 플랫폼의 최대의 장점은 소통과 속도에 있다. 예전에 흥미로운 것들(우리의 제품도 포함)은 사진이나 영상으로 올리고 댓글에서 소통하곤 했다. 주로 블로그, 카페 커뮤니티에서 이루어지던 방식이다.

그러나 모바일 플랫폼이 급격하게 발달하기 시작하면서 PC에서의 활동 시간은 점점 줄어들고 간단한 조작만으로 소통하고 대화할 수 있는 대형 플랫폼(카카오톡 등)이 등장하면서 모바일만으로 소통하는 시간이 크게 확장되었다.

사람이 있는 곳엔 항상 이슈가 있다. 이런 이슈를 커머스와 연결시키는 운영자는 매출을 신장시켰으며 본인이 드러나길 원하는 사람은 스스로 모바일의 셀럽 또는 인플루언서가 되었다. 또 기업 브랜딩 등은 마케팅과 홍보 활동의 선택지를 PC 시장보다는 모바일 시장으로 선택하게 되었다.

이미지 1장, 1편의 동영상으로 제품을 판매하거나 브랜딩을 하는 온라인 마켓 시장은 콘텐츠 부재의 한계를 가지기 때문에 쇼핑몰, 브랜드 사이트 유입, 매장 방문, 브랜딩의 유입 창구로 SNS 플랫폼을 사용한다.

인스타그램도 동일하지만 SNS나 모바일 플랫폼의 최종 목적지인 랜딩사이트에는 천천히 훑어볼 수 있는 무수한 자료들이 있다. 이러한 상세한 자료는 곧 웹사이트 활성화와 쇼핑몰일 경우 구매로 이

[그림 6]
프로필 방문

[그림 7]
7일 간의 방문자 수

어지게 된다. 그래서 운영 중인 쇼핑몰이나 웹사이트 방문, 매장의 홍보를 위한 유입 수단으로 모바일에 최적화된 SNS 플랫폼 등을 사용한다.

프로필로 방문한 인스타그램 친구들은 계정과 연결되어 있는 웹사이트도 들어가본다. 그래서 인스타그램 계정 상단에 표시되는 지난 7일간의 프로필 방문자 수가 많을수록 계정의 활성도는 증가하고 고객이 증가할 가능성도 커진다.

사람이 사람과 소통하고 소식을 받아보는 건 글, 그림, 영상보다는

사람과 대화하고 직접 설명을 들어보는 대면 방식이 최고의 방법이다. 유튜브 생방송을 보면서 채팅을 하면 실시간으로 얼굴을 보면서 이야기하는 듯이 느끼는 것처럼 말이다.

그러나 우리가 하루에 만날 수 있는 사람 또는 고객의 숫자는 정해져 있고 제품, 브랜드를 설명할 수 있는 시간은 그리 많지가 않다. 물론 오래전부터 항상 이런 문제를 해결하기 위해 수많은 SNS 플랫폼 또는 각종 프로그램이 쏟아져 나왔으나 유행과 시기의 문제 등으로 발전하지 못했다. 그러나 현재는 거의 모든 모바일 사용자가 이용하는 다수의 플랫폼(카카오, 네이버밴드, 페이스북, 인스타그램, 유튜브, 틱톡 등)이 등장하였고 그중 인스타그램은 단연 눈에 띈다.

사용하기 쉽고 보기 편하면서 간단한 설정만으로 간단하고 인터넷 검색보다 더 많은 소식을 전해주기 때문이다. 인스타그램 라이브는 모바일에서 간단한 버튼 조작만으로 시작을 할 수 있다. 라이브는 쉽게 풀어 이야기하자면 영상통화의 무료버전과 같다.

영상통화는 특정 대상과 말 그대로 얼굴을 마주하면서 대화를 하는 것이다. 우리가 영상통화를 하기 위해서는 통신사에 가입을 해야 하지만 인스타그램 가입자는 모바일 인터넷이 가능한 환경이라면 간단한 버튼 조작만으로 영상을 볼 수 있고 또 보여줄 수 있다. 이제 스마트폰 1대로 방송하고 녹화해 다양한 콘텐츠로 사용하기에 충분하다.

인스타그램 라이브는
효과가 있을까?

　인스타그램의 장점은 1장의 사진과 1개의 영상만으로도 많은 노출을 만들어내고 사람과 소통한다는 것에 있다. 그런데 굳이 라이브까지 해야 할까? 라이브를 하다 보면 '과연 이게 효과가 있을까? 부끄러운데?' 라는 생각이 강하게 든다. 계정에 댓글을 남기거나 좋아하는 사람이 나를 보고 어떤 생각을 할까?

　옛말에 장사는 사람을 남기는 것이라고 한다. 사람을 만나야 남기든 말든 할 거 아닌가. 인스타그램의 라이브는 직접 인친들에게 알리지 않아도 자동으로 소식이 노출된다. 또 인스타그램 라이브를 시작하기 전에 현재 실시간으로 활동 중인 팔로워를 볼 수 있다. 인스타그램 라이브에 익숙해지면 자주 보이는 팔로워와 실시간 소통이 가능하며 이는 곧 고객으로 만드는 지름길이다.

[그림 8]
라이브 방송

　인스타그램 라이브는 스마트폰 1대로 바로 실행할 수 있는 장점이 있지만 버튼만 누르고 송출한다고 해서 제목처럼 파티장으로 변하진 않는다. 파티는 사람도 있고 다양한 흥미거리와 재미 그리고 확실한 소득이 있어야한다.

라이브는 상품 판매, 제품 소개, 브랜드, 회사 소개 등 여러 가지 컨셉으로 운영할 수 있다. 제품 판매의 경우 판매할 제품을 직접 보여주는 라이브 영상을 내보낸다. 단순히 라이브를 켜고 나를 보여주고 제품 안내를 한다고 해서 파티가 되지 않는다.

인스타그램 라이브를 진행하는 운영자들을 살펴보면 제품이면 제품, 브랜드면 브랜드, 매장이면 매장의 확실한 주제와 컨셉을 가지고 임하며, 라이브를 파티장으로 만들려면 당연히 이러한 준비는 필요하다. 그렇다고 해서 아주 철저한 준비를 해야 한다는 이야기는 아니다.

생각해보라. 우리가 유튜브 영상을 보고 조회를 하고 구독을 하면서 '아, 여기는 제품 소개도 하고 판매도 하고 브랜딩도 하는 곳이니까 이곳에서 정보를 알아야겠네?'라고 생각하고 보는 채널이 몇 군데나 되는지를.

용기 있는 자가 미인 또는 미남을 얻는다는 이야기가 있다. 라이브는 곧 용기라 할 수 있다. 모바일 커머스를 운영하는 사람이라고 자신 있게 이야기할 수 있다면 라이브를 운영하고 나만의 생방 파티를 만들 수 있는 준비는 시작이 된 것이다.

그럼 파티장의 만들 수 있는 준비는 무엇일까?

1 **나의 인친을 만들고 그들에게 내가 라이브를 하노라~ 하고 알려라**

나의 게시물이나 피드에 미리 공지를 하고 스토리를 만들어 올리며 적은 금액의 광고를 운영하는 등의 노력을 해야 한다.

2 **라이브를 이용해 내가 얻고자 하는 것, 말하고자 하는 것을 생각하라**

대화와 소통은 내가 하는 이야기를 들어달라는 명분보다는 나의 이야기를 듣는 인친들이 어떤 반응을 보일지 생각해야 한다. 상품 판매이면 구매를, 매장 홍보면 방문을 요청하고, 브랜딩이면 웹사이트 등의 방문을 요청한다.

3 **확실한 주제를 정해라**

커머스인지, 브랜딩인지, 매장 방문 유도인지 주제가 정확하고 신속하게 전달되어야 한다.

4 **가능하다면 샘플을 준비하라**

인친들은 우선 나를 보겠지만 중요한 것은 주제다. 라이브는 듣는 것이 아니라 보는 것이다. 상품 판매일 경우 판매하는 상품의 기능과 성능 등을 보여주는 것은 기본 중의 기본이다. 판매 상품의 샘플을 준비하고 직접 해보고 먹어보고 써보는 등의 영상을 준비한다.

글로 나를 알아달라고 말하는 것보다 소통하는 1,000명의 인친에게 사진이나 영상으로 나를 보여주는 것이 빠르다.

상상해 보자. 저녁에 인스타그램 라이브를 켰는데 인친들이 모여 나와 소통하고 싶어 한다면 어떨까? 짜릿하지 않은가? 내가 먹는 음식을 따라 먹고, 내가 입는 옷을 따라 입고, 내가 가는 매장을 방문하도록 만들라.

인스타그램 라이브를 이용해 말을 하고 행동과 얼굴을 보여주고 있지만 친구들은 나의 말을 듣고 행동을 보며 함께 있는 듯한 동질감을 가진다. 인스타그램 라이브는 실시간 소통이기에 꾸준하게 하는 것이 좋다. 그리고 매번 하는 것이 아니라 일정하게 정해진 시간에 정확한 주제와 컨셉을 가지고 계속 운영해야 한다. 인스타그램 라이브는 보여주는 것이지만 팔로워는 말을 먼저 듣게 된다. 외모 따위는 접어 놓고 정확한 주제와 메시지를 전달해야 한다.

IGTV로
방송스타 되기

IGTV가 뭘까?
IGTV는 인스타그램판 유튜브?

인스타그램 홈의 상단 메뉴 중 번개 모양의 모니터 화면(📺)을 누르면 IGTV 영상을 볼 수 있다. 빨간 점의 알림이 표시되면 팔로워나 팔로잉 하고 있는 인스타그램 친구의 IGTV 영상이 새로 업데이트되었다고 알려주는 것이다. 인기 있는 IGTV나 최신 IGTV의 영상이 노출된다. 직접 찍은 IGTV의 영상은 저장할 경우 프로필 중간 메뉴에 번개 모양의 아이콘이 표시되고 클릭할 경우 내 계정의 IGTV 영상을 볼 수 있다.

인스타그램이 동영상 서비스를 시작한지는 대략 5~6년 정도 된다. 스마트폰으로 찍는 영상은 가로 세로의 형식을 따지지 않지만 인스타그램 IGTV는 세로 방향으로 보기 편하게 영상을 제공하는 채널이다. 물론 전체 보기가 가능한 가로 보기도 지원한다.

스마트폰을 사용할 때 가장 많이 보는 세로 형식의 영상을 제공하고 즉시 재생되는 직관성을 가지고 있다. 팔로워의 영상을 우선으로 노출하여 준다. 아직까진 유튜브처럼 영상 재생 전이나 중간에 광고가 삽입되지 않지만 언젠간 인스타그램 영상에도 광고가 들어올 것이라 예상한다.

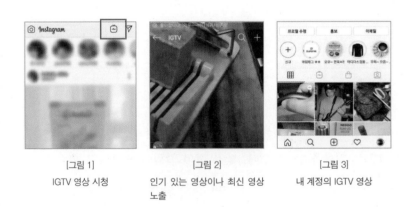

[그림 1]
IGTV 영상 시청

[그림 2]
인기 있는 영상이나 최신 영상
노출

[그림 3]
내 계정의 IGTV 영상

SNS 플랫폼의 여러 가지 특징 중 한 가지는 연령대별로 차이가 있지만 전문 크리에이터의 영상보다는 비전문 크리에이터의 영상을 선호하는 경향이 있다. 전문가만 가능하다고 생각했던 영상 촬영을 누구나 쉽게 할 수 있고 덕분에 흥미로운 영상을 볼 수 있다.

흔히 영상은 고가의 장비를 갖추고 스튜디오 등에서 촬영을 하며 컨셉에 맞는 인위적 연출을 해야 한다고 생각한다. 하지만 모바일 크리에이터는 사용하는 스마트폰 1대와 자신 있는 멘트면 충분하다. 이러한 영상 등을 접하는 모바일 SNS 사용자는 대중매체가 아닌 인스타그램 친구가 영상을 찍고 방송을 하는 모습에 한 번 더 클릭하고 반응하게 된다.

IGTV로
할 수 있는 것

IGTV의 최대 장점은 가시성과 가독성이다. 말이 어려워 보이지만 사용자의 입장에서 보기 편하도록 스마트기기에 맞게 세로로 볼 수 있도록 만들어졌다는 점과 15초~15분까지의 영상을 제작하여 업데이트할 수 있다는 점이다.

15분 안에 영상으로 하고자 하는 이야기를 표현할 수 없다면 다른 플랫폼을 찾아야 할까? 아니다. 최대한 플랫폼에 맞도록 제작해야 한다. SNS 플랫폼은 3초 내에 승부를 봐야 한다. 매출이든 브랜딩이든 매장 방문이든 할 수 있는 건 초반 3초~5초 사이에 승부를 볼 수 있는 콘텐츠를 만들어야 한다. 그럼 3초 안에 스토리텔링을 할 수 있을까? 3초 안에 우리가 콘텐츠로 할 수 있는 것은 제품 판매, 브랜딩, 매장 방문을 유도하기 위한 임팩트를 보여주는 것이다.

사진은 3초 안에 설명이 가능하겠지만 영상은 어떻게 3초 안에 표현할 수 있을까? 영상의 경우를 살펴보자. 광고 관리자의 프레임을 보면 대부분 영상광고는 6초, 9초, 15초, 59초 단위로 광고되거나 노출되는 위치가 달라진다.

[그림 4]
페이스북 광고 관리자 노출 위치 선택

[그림 5]
영상 길이에 따른 노출

페이스북의 광고 관리자 화면 중 노출 위치를 선택하는 화면이며 동영상의 경우 영상의 길이에 따라 노출되는 위치가 달라진다. 광고에서만 노출되는 위치가 달라지는 것이 아니라 영상의 길이에 따라서 위치가 정해진다.

광고 관리자에 따르면 영상은 최소 6초 이상 만들어야 한다. 영상은 15초 짜리든 그 이상이든 초반 3초~5초 이내에 시선을 끌고 이후로 스토리텔링, 제품 설명 등을 이야기하면 된다.

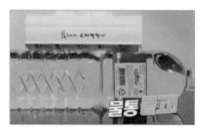
[그림 6]

[그림 7]

첫 화면에서 제품을 보여준다

인포모셜 방송 영상 콘텐츠는 제품의 사용법, 히스토리 등을 설명하기 보단 첫 화면에서 바로 제품을 보여주고 사용법을 보여준다. 이후에 제품에 관한 설명을 한다. 매장을 운영하고 있다면 매장의 스토리를 먼저 설명하는 것보다는 매장의 특징을 먼저 보여 주어야 한다.

주의할 것은 업체 등에서 제공받은 영상을 인스타그램에서 사용할 경우에 저화질의 광고성 멘트로 보이기 때문에 직접 스마트폰을 이용

237

해 스토리가 비슷한 영상을 찍어서 사용하길 바란다. 다시 한 번 강조하면 SNS 플랫폼은 리모컨으로 조작하는 TV와 같은 매체가 아닌 한두 번의 터치로 이동하는 스마트 플랫폼이다.

IGTV로 할 수 있는 것에 대한 설명을 하기 전에 '3초의 법칙'을 다시 한 번 강조한다. 영상 콘텐츠의 게시든 IGTV의 활용이든 영상 콘텐츠의 활용법을 미리 알아두고 운영하는 것이 중요하기 때문이다.

그럼 IGTV로 무엇을 할 수 있을까? IGTV는 인스타그램 내부의 영상 플랫폼이며 15분까지의 영상물 안에 무엇이든 담을 수 있다. 제품에 관한 설명을, 브랜드의 개념을, 매장에 대한 설명을 얼마든지 할 수 있다.

IGTV를 활용하면 좋다는 것을 알지만 영상에 찍히는 것을 정말 못하겠다고 하는 사람이 많다. 설명하고자 하는 콘텐츠에 반드시 사람이 나와야 할 경우가 아니라면 굳이 출연까지 할 필요는 없다. 그렇지만 IGTV를 보는 인친들은 어떻게 생각할까?

인스타그램 라이브에서도 간단하게 설명을 하였지만 IGTV를 보는 인스타그램 친구는 제품, 매장, 브랜드보다 내가 궁금한 것이다. 내가 설명하고, 입어보고, 먹어보는 화면을 보며 이야기를 듣고 싶어 한다. IGTV는 인스타그램에서 스토리텔링이 가능한 유일한 프레임이다. 영상 재생시간이 길다는 장점으로 인해 15분 내외의 설명을 해줄 수 있다.

15분 내에도 콘텐츠를 다 설명할 수 없다면 차라리 안 하는 것이 낫다.

직접
IGTV 해보기

[그림 8]
인스타그램 홈 화면의
그림 누르기

[그림 9]
IGTV로 전환된 화면에서
+표시 누르기

[그림 10]
업데이트할 영상 선택

시작만 해놓은 SNS 플랫폼과 가입해놓은 계정이 있다면 다음과 같은 과정으로 IGTV를 시작해보자.

업데이트된 영상이 제대로 재생되는지 확인하고 크기가 안 맞을 경우 상단 버튼을 눌러 크기를 조정한다. IGTV 썸네일(대표 이미지)를 선택하고 Facebook 등에 함께 게시할지 선택하여 오른쪽 상단 [게시하기]를 누르면 된다.

[그림 11]	[그림 12]	[그림 13]
재생 확인 및 크기 조절	썸네일 선택	게시하기

IGTV는 실시간 라이브 방송이 아니기에 동영상 콘텐츠를 미리 준비해야 한다. 현재는 IGTV 영상만을 따로 광고할 수 없기 때문에 인스타그램 친구들에게 적극적으로 알리는 활동을 해야 한다.

해보니 의외로 간단하지 않은가? 사용법을 익힌 후에는 실제든 테스트든 직접 해보는 것이 중요하다. 일단 무조건 시작해보기를 추천한다.

어느 분야의 스타가 되고 싶은지 정확하게 판단하고 운영해야 한다. 조금이라도 SNS에 대해 관심을 가지고 있다면, 우리 브랜드도, 우리 매장도 한 번쯤은 이슈가 되면 어땠을까 하고 생각을 해보았을 것이다. 콘텐츠를 만들 줄도 알고, 사용법도 알고, 제작도 해놓았는데 결국 이슈가 되기 위해서는 사람이 찾아주고 봐주어야 한다.

물론 비용을 투입하는 광고를 활용하면 조금 더 수월하게 운영할 수 있으나 이 방법은 누구나 할 수 있는 방법이다. 비용 투입이 아니라면 시간을 투자해야 한다.

우선 영상으로 만든 콘텐츠는 노출과 소통이 어느 정도는 이루어져야 자연스럽고 많은 노출이 이루어진다는 것이다. 인스타그램의 게시물은 광고의 도움을 받지 않을 경우 나의 인스타그램 팔로워에게 대략 7~20% 정도 자연스럽게 노출된다. 자주 강조하는 부분은 반드시 기억하자.

팔로워가 1,000명일 경우 게시물은 70명~200여명 정도에게 보인다. 1,000명의 팔로워를 모두 찾아다니면서 나의 게시물이나 콘텐츠를 보아 달라고 부탁할 수는 없지 않는가?

답은 정해져 있다. 팔로워를 3,000명으로 늘리면? 210명~600명 정도로 자연스럽게 소식이 도달된다. 팔로워를 늘리는 것이 반드시 첫 번째로 해야 하는 일인 것이다.

더욱 많은 팔로워와 인스타그램 이용자에게 소식을 알리고자 하면 몇 차례 언급한대로 인스타그램 이용자를 찾아 소통을 하고 팔로워를 맺도록 노력해야 한다.

첫 번째로 검색 또
는 관심사 집단에 포함
될 수 있는 해시태그의
활용이다. 그림의 게시
물에는 '#단풍놀이 #가
을' 등의 해시태그를 사
용했는데 키워드나 해
시태그를 검색해서 게
시물로 들어오는 경우

[그림 14]
게시글 해시태그

[그림 15]
#단풍놀이 해시태그 그룹핑

는 극히 드물다. 게시물을 등록할 때 '#단풍놀이'가 그룹핑 된 리스트
가 나열된다. 해시태그 그룹을 선택하면 '#단풍놀이' 그룹에 속하게 되
어 '#단풍놀이' 해시태그가 있는 게시물을 조회해본 팔로워에게 우선
노출된다.

두 번째로는 팔로워 숫자가 많지 않을 경우 알림 등을 적극적으로
활용하는 것이다. 인스타그램 프로필로 들어온 팔로워에게 팔로잉 버
튼을 눌러 알림을 선택한다. 게시물, 스토리, IGTV 등의 알림을 신청하

면 알림을 설정한 팔
로워에게는 소식이 전
달된다.

　게시물을 작성한
이후에 댓글에 소식을
알리고 싶은 계정을 선
택한다. '@인스타그램
이름'을 적으면 되는
데 이 방법은 나의 게
시물을 봐달라는 요청이다.

[그림 16]
알림 설정

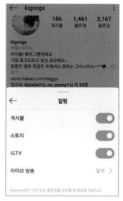

[그림 17]
팔로워에게 소식 전달

[그림 18]
댓글로 @인스타그램
이름을 적으면 알림 전달

[그림 19]
친한 친구 설정

[그림 20]
친한 친구 리스트

알리고 싶은 소식으로 인스타그램 친구를 호출하는 것이다. 현재까지는 댓글 1줄에 계정 호출을 10개까지만 할 수 있다. 많은 수의 친구를 호출하려면 댓글을 많이 써주어야 한다. 만약 100명의 친구를 호출하려면 10개의 댓글을 써야 한다. 또 설정에 저장되어 있는 친한 친구를 선택하면 친한 친구 리스트를 만들 수 있고 스토리를 공유할 수 있다. 현재까지 친한 친구는 스토리에만 적용된다.

[그림 21]
녹색 별표 버튼

[그림 22]
알림 직접 보내기

인스타그램 스토리를 만들고 녹색 별표를 누르면 만들어 놓은 리스트에 있는 친한 친구에게 스토리가 올라왔다는 알림이 전달된다. 계정을 보고 [보내기]를 누르면 팔로워 중 추천 친구에게 알림을 직접 보낼 수 있다.

세 번째로는 약간의 비용이 투입되더라도(1일 1천 원 정도) IGTV가 있는 프로필을 광고하는 것이다. 인스타그램 게시물 홍보하기에서 랜딩

페이지를 선택하면 프
로필이 선택된다. 광고
된 게시물에 [Instargram
프로필 방문]으로 표시
되고 누르면 나의 계정
으로 오게 된다.

[그림 23]
게시물 홍보하기

[그림 24]
Instargram 프로필 방문 광고

편법을 이용하거나
주변의 계정 등을 활용

하라는 이야기가 아니다. 이러한 방법을 실행을 해보고 운영을 하다보
면 자연스럽게 SNS 활용하는 법을 익힐 수 있다.

👤 스마트스토어와 톡 스토어

모바일 플랫폼과 SNS를 이용한다면 누구나 한 번쯤 들어보았을 이름이 스마트스토어와 톡 스토어다. 대한민국 거의 모든 사람들이 사용하거나 알고 있다는 플랫폼 네이버와 카카오. 이것만으로도 두 플랫폼은 충분히 매력적일 수밖에 없다.

인스타그램 프로필에서 링크를 클릭하면 쇼핑몰 또는 웹사이트나 모바일 사이트로 연결시킬 수 있다. 상품 판매를 하는 계정의 운영자일 경우 인스타그램의 계정을 운영할 때 인스타그램의 계정 운영 이외 첫 번째로 고민하게 되는 부분이 쇼핑몰 또는 웹사이트를 제작하는 문제다.

이런 고민을 해결해 주는 부분이 네이버 스마트스토어와 카카오톡 스토어다. 두 플랫폼 모두 쇼핑몰 개념의 플랫폼이며 때문에 많은 고객이 유입되었을 경우에 다른 제품의 판매도 이루어지기 때문에 매출의 동반 상승 효과가 있다. 과자를 사러 들어왔는데 아이스크림, 과일 등 다른 제품들이 함께 전시가 되어 있고 관심이 있는 제품이라면 한 번쯤은 둘러보게 되는 것처럼 말이다.

　여기서 한 번쯤 품게 되는 의문은 사용자의 인스타그램과 연결될 쇼핑몰 플랫폼이 네이버 스마트스토어라면 고객은 어디를 선택할까? 네이버 스마트스토어와 카카오톡 스토어는 물론 SNS 판매 솔루션 플랫폼이라는 장점도 있지만 대한민국 온라인과 모바일을 양분하는 플랫폼이라는 관점에서는 대단히 매력적이다. 스마트스토어와 카카오톡 스토어에 관한 교육과 강의가 넘쳐날 만큼 많다는 점은 플랫폼 자체로도 매력적이라는 것을 뜻한다.

　현재 운영 중인 카카오톡 스토어와 네이버 스마트스토어를 살펴보자.

[그림1]　　　　　　　[그림 2]

카카오톡 스토어

하솔이의 프로필에 등록된 store.kakao.com/hi4u를 누르면 카카오톡 스토어로 이동한다.

카카오톡 스토어에 등록된 여러 가지 제품을 볼 수 있으며 다음 로그인을 이용해 쉬운 구매가 가능하다.

[그림 3]　　　　　　[그림 4]

네이버 스마트스토어

공구몬 프로필의 웹사이트 링크인 https://m.smartstore.naver.com/09mon을 누르면 네이버 스마트스토어로 이동한다.

스마트스토어에서 공구몬이 판매하는 여러 가지 제품을 볼 수 있으며 네이버 로그인을 이용해 쉬운 구매가 가능하다.

스마트스토어와 톡 스토어를 이용하는 장점

　새로운 쇼핑몰을 만들어 운영하는 것도 좋지만 처음부터 나의 쇼핑몰을 홍보하고 제품을 판매하려면 인지도와 쇼핑몰 자체의 브랜딩이 쌓여야 한다. 먼저 네이버 스마트스토어나 카카오 톡 스토어 등을 이용하면서 회원유입과 목표 매출, 수익 목표를 설정한 후 목표 매출에 접근해 갈 때 쇼핑몰을 준비해도 늦지 않다. 또한 쇼핑몰을 제작할 필요 없이 회원가입(개인으로도 이용할 수 있지만 사업자등록을 하고 운영해야 세제의 혜택 등을 받을 수 있다.)만으로 제품을 등록하고 결제 시스템까지 이용할 수 있다.

　네이버 스마트스토어나 카카오 톡스토어는 플랫폼 내에 비용이 들어가는 광고와 홍보 방법이 있지만 자세히 살펴보면 비용을 들이지 않고 이용할 수 있는 홍보, 이벤트도 많다.

[그림 1]

[그림 2]

👍 좋아요　　　💬 댓글　　　↪ 공유하기

실전, SNS 마케팅으로 만들어내는 100억 매출의 비법

오프라인에서 하는
인스타그램 이벤트

오프라인 이벤트는 인스타그램 친구를 모으며 홍보 수단으로 많이 이용한다. 주로 식당, 카페 등의 온라인상이 아닌 실제로 있는 매장을 홍보하고 유입 고객을 늘리고자 사은

[그림 1]
감사 이벤트

[그림 2]
당첨된 DM 개별 발송

품, 쿠폰, 할인 등의 이벤트를 하기도 한다. 군이 오프라인 이벤트를 인스타그램에서 진행해야 할까?

공동구매 시작 이전에 이벤트로 판매 중인 여행용 파우치를 나누어주는 경품 이벤트를 진행하였고 실제로 모두 무료배송으로 보내준 적이 있었다. 인스타그램 친구들에게 당첨된 DM을 보내 당첨 사실을 알려주었다. 배송 후에는 인스타그램 친구들이 댓글, 계정에 게시물을 올려주기도 했다. 사전에 이벤트를 공지해 제품을 배송함으로써 제품 판매 등에 관한 사전 공지 효과가 있었고 제품 판매를 시작하면서 거부 반응을 최소화할 수 있었다. 제품 판매나 공동구매 등을 진행하는 할 때 이벤트를 하는 것이 유용할 수 있다.

식당이나 카페를 방문해 보면 SNS에 게시물을 올려주면 혜택을 주기도 한다는 안내 등을 자주 볼 수 있다.

[그림 3]　　　　　　　　[그림 4]

오프라인 매장 이벤트

매장 운영자들은 대부분 매장의 방문자에게 사진이나 해시태그 등을 인스타그램에 올리면 쿠폰이나 사은품을 제공하는 혜택을 준다. 매장 운영자들이 방문자의 인스타그램 계정에 게시물을 올려주기 때문에 혜택을 줄까?

인스타그램은 수많은 사람이 실제로 들여다보고 있는 공간이며 방문자의 인스타그램 친구들에게 매장의 사진 등이 노출되고 알려지는 효과를 바라기 때문에 혜택을 제공하는 것이다. 매장 방문자의 인스타그램 친구들도 이벤트를 보고 직접 방문하는 효과를 누릴 수 있다. 매장을 운영하는 입장에선 인스타그램 등의 모바일 SNS 플랫폼에 사진 등을 보여주고 매장의 환경을 보여주는 이벤트가 마케팅 필수로 자리 잡아가고 있다.

게시물에 신청만 하면 추첨을 통해 상품을 보내주는 이벤트를 진행할 수 있다. 또 요리 사진을 보여주고 제품 판매를 하는 계정에서는 찜을 해주면 할인을 한다는 이벤트를 제공

[그림 5]
감사 이벤트

[그림 6]
할인 이벤트

하고 있다. 이벤트를 알리는 게시물은 정확한 요점을 담아 센스 있게 한 마디로 남기고 게시물을 홍보하거나 팔로워와 소통을 해야 한다.

모바일 이벤트는 사진과 글로 내용을 전달하고 프로필로 들어오게 하는 확실한 이벤트를 진행하여 프로필 방문의 효율을 올릴 수 있다. 하지만 매장을 운영하는 입장에서 오프라인 이벤트가 과연 효과가 있을지 고민하게 된다. 해봤는데 효율이 별로 없었고 이벤트를 알려봤는데 제대로 안되었다는 이야기를 매우 자주 듣게 될지도 모른다.

하지만 이벤트를 운영한다는 자체가 운영자로서는 투자인데 지금까지는 단순히 게시하고 인친이 많은 계정에 노출해달라 부탁했을 것이다. 또 매장에 방문했을 경우에 방문자의 인스타그램을 확인하는 정도가 이벤트를 운영하는 대부분의 패턴이자 방식이다.

하지만 인스타그램이라는 가상의 공간이나 오프라인 매장 등 사람이 많은 곳에서는 이벤트에 관심을 가지는 사람이 정말 많다. 이런 고객들을 찾아내서 그들에게 이벤트를 알리고 지속적으로 꾸준하게 하루에 몇 시간에서 최소한 30분이라도 알리는(인친 추가하기 등) 것이 기본 중의 기본이다.

세상엔 왕도나 비법은 존재하지 않는다. 다만 노하우가 쌓여갈 뿐이다. 화장품 매장이면 화장품에 관심이 많은 사람을 찾고, 카페일 경우 분위기와 카페를 좋아하는 사람을 찾으며, 음식점일 경우 음식을 좋아하는 사람을 찾아낸다. 그리고 그 사람들에게 매장과 이벤트를 알려야 한다.

운영자도 이벤트를 알림으로써 매장의 방문자를 늘리도록 노력해야 고객들도 나를 찾아오게 된다. 시간과 노력을 들이고 생각을 계속해야 한다. 아무도 노력하지 않으면 절대로 도와주지 않는다.

온라인이나 오프라인이나 이벤트를 생각하면 대부분 사은품을 주는 이벤트를 생각하지만 고객도 도움이 되고 나에게도 도움이 되는 이벤트를 운영해야 한다.

인쇄물에는
꼭 네임 태그를 넣자

인스타그램 네임 태그는 QR코드처럼 계정을 쉽게 찾아올 수 있도록 하는 코드이다. 스캔 한 번으로 인스타그램 계정을 방문하도록 해준다.

네임 태그는 내 인스타그램 계정 이름(아이디 등)을 QR코드와 같은 형태로 만들어주는 것이다. 인스타그램 계정에서 아이콘 등을 넣어 쉽게 만들어 게시할 수 있다. 그다음 네임 태그를 인쇄하거나 모니터 등에 띄우고 인스타그램으로 스캔을 한다.

[그림 1]
인스타그램 계정에
네임 태그 게시

[그림 2]
네임 태그 스캔

[그림 3]
네임 태그 보기

네임 태그를 스캔하면 인스타그램 계정의 프로필 사진을 보여주고 네임 태그의 계정과 팔로우 여부를 보여준다. 팔로우가 되지 않은 상태라면 프로필 보기를 눌러 팔로우를 추가할 수 있다.

네임 태그는 상품을 배송할 때 함께 인쇄하여 넣어 주면 운영자의 인스타그램으로 쉽게 들어오도록 할 수 있다. 또는 매장의 카운터 등에 비치하고 팔로우 여부를 확인한 후에 매장의 이벤트 혜택을 주는 용도 등으로 많이 사용하고 있다.

인스타그램 네임 태그는 인스타그램 계정을 알려주고 쉽게 찾을 수 있게 해주는 방법 중에 하나다. 인스타그램 이름이나 링크를 알려주는 것보다 네임 태그를 공유해 주면 나를 더 쉽게 찾을 수 있도록 해준다.

이렇게 만들어진 나의 네임 태그를 인스타그램으로 스캔하면 바로 나의 계정으로 방문하게 된다. 인스타그램 ID 카드 정도라고 생각하면 된다. 인스타그램 네임 태그는 만들기 쉽고 태그를 공유하기도 편하다.

[그림 4]	[그림 5]	[그림 6]
네임 태그 만들기	아이콘 또는 사진 추가	네임 태그 공유하기

네임 태그는 우측 상단의 메뉴(≡)를 누른 후 [네임 태그]로 들어가면 만들 수 있다. 네임 태그를 만들 때 아이콘 또는 사진 등을 추가할 수 있다. 만들어진 네임 태그는 페이스북 등의 SNS로 전달 또는 공유할 수 있다.

만들어진 네임 태그를 매장에 인쇄물로 출력하여 부착한 후에 나의 매장을 방문한 고객에게 말로 계정 이름을 설명하는 것보다 네임 태

[그림 7]
네임 태그 만들기

[그림 8]
아이콘 또는 사진 추가

그를 스캔하여 좋아요나 댓글을 달아달라는 이벤트를 진행할 수도 있다.

네임 태그 메뉴에서는 만들기도 가능하지만 다른 사람의 네임 태그를 스캔하는 것도 가능하다. [네임 태그 스캔]을 누르면 네임 태그를 스캔할 수 있는 카메라 화면으로 전환된다. 사각형 테두리 안에 네임 태그를 비추면 연결된 인스타그램 계정에 방문할 수 있다.

인스타그램 네임 태그를 이용하는 목적은 계정을 검색하거나 어려운 인스타그램 사용자 이름을 찾기보다는 네임 태그 스캔만으로 계정과 팔로우가 쉽도록 만드는 것이다. 국내에서는 네임 태그를 사용하는 계정의 비율은 많지 않다. 네임 태그를 [네임 태그 스캔]에서 스캔하거나 스토리의 카메라로 스캔해야 하는데 이게 더 어렵다고 이야기하는 사람이 많기 때문이다.

하지만 공동구매 등을 진행해 제품을 배송할 경우에는 인스타그램 네임 태그를 재밌게 디자인하고 스티커 등으로 만들어보자. 그래서 네임 태그를 스캔해 인스타그램 계정으로 방문하면 더 많은 상품을 볼 수 있도록 해주는 것이다. 배송 상품에 회사 주소를 알리고 전단을 배포하는 방법도 물론 좋겠지만, 재밌는 디자인의 네임 태그와 센스 넘치는 한 줄의 멘트는 고객이 한 번에 관심을 가지도록 해준다.

매장에는 네임 태그를 스캔할 수 있도록 인쇄하여 배치하고 네임 태그를 스캔하게 해서 운영 중인 인스타그램 계정을 볼 수 있도록 유도한다. 인스타그램에서 보던 장소에 지금 방문해 있고 그래서 모바일과 오프라인 공간에 동시에 존재하는 듯한 재미를 선사할 수도 있다.

인스타그램 네임 태그는 스캔만으로 인스타그램 계정으로 쉽게 들어오도록 유도하고 팔로우할 수 있도록 하는 빠른 방법이다. 인스타그램 네임 태그는 명함이나 블로그, 카페, 웹사이트, 전단, 문의하기, 이메일, 네임 카드 또는 X배너와 매장의 팜플렛 등에 첨부하거나 인쇄하는 등 다양한 용도로 사용할 수 있다.

적어도 우리 동네 사람들은 인친으로 만들자

인스타그램과 페이스북은 내가 위치한 곳의 정보를 알릴 수 있는 위치 기반 서비스를 운영하고 있다.

프로필의 [프로필 수정]을 눌러 연락처 옵션을 선택하면 위치와 이메일 주소, 전화번호 등을 넣을 수 있는 메뉴로 전환된다. 비즈니스 주소에 매장이나 회사 주소 등을 적어준다. 인스타그램에 비즈니스 주소를 입력하면 비즈니스 위치와 비슷한 곳에 있는 팔로워나 인스타그램을 친구들에게 게시물이 우선적으로 노출된다.

[그림 1]

[그림 2]

[그림 3]

프로필 수정 클릭

연락처 옵션 클릭

매장이나 회사 주소 입력

모바일 SNS 플랫폼의 강점 중에 하나가 내가 있는 위치를 기반으로 게시물을 퍼트릴 수도 있다. 인스타그램과 페이스북은 위치를 기반한 서비스에 약간 특화되어 있다. 나의 위치는 게시물을 올리고 있는 장소도 될 수 있고 거주하는 장소도 될 수 있으며 매장의 위치도 될 수 있다.

만약 일산에 거주를 한다면 인스타그램에 게시물을 올릴 때 일산 또는 주소나 위치를 함께 넣으면 된다. 그러면 팔로워 중에 나와 비슷한 위치에 있는 인친들에게 우선 노출되고 도달된다. 일산에 있는 인스타그램 친구들을 모으고 소통할 때 일산과 아무 관련 없는 콘텐츠를 올리고 위치를 일산으로 한다고 해서 인친들의 공감대는 빠르게 형성되지 않는다. 지역의 인친을 모으고 소통하려면 지역과 관련된 콘텐츠와 정보를 연관성 있게 올려주는 것이 필수다.

[그림 4]
위치 추가

[그림 5]
[위치 선택]을 누르고
현재 위치를 기반으로 검색

[그림 6]
위치 선택

게시물을 올리는 화면의 [위치 추가]에는 위치를 설명하지 않아도 나의 위치를 찾아 몇 군데를 보여준다. [위치 선택]을 눌러 지역을 검색하면 현재 나의 위치를 기반으로 근처의 위치를 리스트 중 한 곳을 선택하면 된다. 게시물에 나의 위치를 '일산라페스타'로 선택하면 팔로워와 인스타그램 친구들 중에 일산라페스타 근처에 있는 친구들에게 우선적으로 소식이 전달된다.

매장이 라페스타에 있으며 라페스타 근처에 거주한다면 인스타그램 게시물에 '일산라페스타'가 주제인 사진을 게시한다. 그때 '일산라페스타'를 위치로 하고 관련된 주제를 게시물로 남기며 소통하면 빠른 공감대 형성과 매장 방문 유도의 효율을 빠른 시간 안에 확장할 수 있다. 매장을 운영한다면 매장 위치를 알리도록 사진과 설명을 게시하고 매장 주위의 인친을 모으고 매장에 관한 이야기를 하면 된다.

게시물의 위치만 설정하는 것이 아니라 간단한 광고를 이용해 사용자의 매장 근처에 있는 사람들에게만 광고를 운영하고 소통한다면 인친들은 반드시 반응할 것이다. 내 주변 인친들에게 소식을 알릴 수 있고 광고와 홍보도 운영을 할 수 있게 되었다. 그럼 이제 내 소식을 알리기만 하면 될까?

수많은 업체와 회사, 매장은 고객 유치에 엄청난 노력을 쏟아 붓는다. 그래서 동네 인친들을 모으고 우리 동네만의 이벤트를 해주는 등 이벤트와 위치 서비스를 적절히 섞어서 사용하길 권한다.

인스타그램 광고는 지역을 선택하여 지역 기반 광고를 운영할 수 있다. 고양시를 대상으로 하는 타겟은 인스타그램 이용자 중 최대 310,000명에게 소식을

[그림 7]

[그림 8]

알릴 수 있다.

매장이 일산에 있으면 동네 인증샷을 찍어 계정에 공유하거나 DM으로 보내주거나 우리 동네 인친을 인증해주는 방문 고객을 위한 이벤트를 운영한다. 이런 이벤트를 약간의 홍보를 가미하면 방문 고객이나 같은 동네에 살고 있는 인친들은 매장의 소식을 자연스럽게 퍼트릴 것이다.

대부분의 운영자는 운영 노하우나 재밌는 팁 등 노하우가 필요한 방법은 공유하지 않지만 이벤트나 공짜 또는 프로모션 등은 대부분 알리고 공유한다. 동네 매장 이벤트는 나로 인해 친구가 소식을 알게 된다는 심리도 작용을 하기 때문이다.

페이스북에서 광고 타겟을 설정할 때 위치를 선택할 수 있다. 페이스북 위치 타겟팅은 시군구의 위치뿐만 아니라 나라별, 주소별, 경도/위도별로 게시물을 보낼 위치를 설정할 수 있다. 인스타그램의 위치 설정보다는 디테일과 확장이 좋다. 그래서

[그림 9] 광고 타겟 중 위치 설정

인스타그램 타겟팅과 페이스북 타겟팅을 상황에 따라 적절히 사용하면 매장이 위치한 지역 마케팅을 운영할 수 있다.

우리 동네 인친은 생각보다 많다. 아이부터 어른까지 다양한 친구들이 있다는 걸 반드시 명심하자. 인스타그램은 카페나 블로그가 아니라 철저하게 1인칭 홍보성 플랫폼임을 꼭 반드시 필수로 명심하길 바란다.

원하는 사람에게만
광고하는 비법

인스타그램과 페이스북은 광고와 운영 타겟팅으로 내가 보여주고 싶은 사람에게만 게시물을 노출하고 보여줄 수 있으며 보여주기 싫은 사람에게는 소식을 숨길 수 있다. 인스타그램을 운영하다 보면 게시물이나 피드를 보여주기 싫거나 알려주고 싶은 친구에게만 알리고 싶을 때가 있다.

가장 간단한 방법으로는 계정을 비공개로 전환하고 특정한 친구들과만 소통하는 방법이 있다. 비공개 계정에는 팔로워 추가를 요청해도 계정 운영자가 수락하지 않으면 게시물을 볼 수가 없다. 또한 특정 사용자의 팔로우를 취소하고 피드에 접근을 하지 못하도록 하는 방법도 있다.

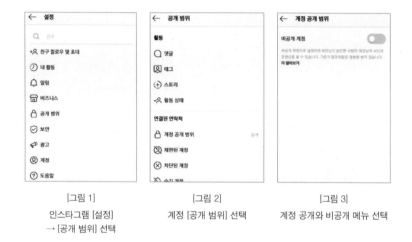

[그림 1]
인스타그램 [설정]
→ [공개 범위] 선택

[그림 2]
계정 [공개 범위] 선택

[그림 3]
계정 공개와 비공개 메뉴 선택

우리가 인스타그램을 운영하는 목적은 많은 인친을 확보하고 소식이나 제품 등을 알려 상품 판매 또는 매장 유입을 유도하는 것에 있다. 이런 경우는 소통이나 광고를 운영하여 불특정 다수의 아주 많은 인스타그램 이용자에게 최대한 많이 알리는 것이 좋다. 이는 매출 증진과 매장 유입에 도움이 된다.

가끔 인스타그램 계정을 운영하다가 제품과 매장의 소식, 신규 상품 런칭 등 소식을 원하는 사람에게만 알려주고 싶을 때가 있다. 그리고 소식을 먼저 알게 된 인친과는 돈독한 소통을 하게 된다. 나의 팬이자 고객이 된다는 말이다. 그럼 어떻게 원하는 사람에게만 광고를 할까?

쉽게 생각하면 고객 타겟팅을 하면 된다. 그 이전에 인스타그램 소통을 통해 나의 소식을 먼저 알리는 몇 가지 방법을 알아보도록 한다.

1 게시물을 작성하고 댓글을 이용해 나의 인친을 소환한다

인친을 소환한다는 것은 방문하여 소식을 보라는 메시지를 던지는 것이다. '@인스타그램 계정'을 적어주면 해당 친구에게 알림이 전달된다. 댓글에서 친구를 소환할 수 있는 숫자는 10개로 한정되어 있기 때문에 100명의 친구에게 소식을 알리고자 하면 10줄을 적어야 한다. 노력에 비해 너무 많은 시간이 소요되지만 가장 확실한 소환 방법이다. 그러나 알지 못하는 계정을 소환한다면 바로 팔로우를 취소할 수도 있으므로 신중하게 소환해야 한다.

상품을 판매하거나 매장을 운영하는 계정들이 초기에 가장 많이 사용하던 방법이나 많은 시간과 노력이 필요하므로 계정이 어느 정도 인지도가 생기게 되면 댓글 소환은 잘 진행하지 않는다.

2 게시물을 올릴 때 친구를 소환하라

게시물을 올리는 중에 사진이나 영상에 직접적으로 친구 아이디를

태그할 수 있다. 1장의 사진이나 영상에 10개의 계정을 태그해서 소환할 수 있다. 개인 블로그 형태의 인스타그램 계정을 운영할 경우 많이 사용하지만 많은 인스타그램 친구들이 필요한 커머스 계정을 운영할 경우에는 적절하지 않다.

3 친한 친구 리스트를 만들어 활용한다

얼마 전 출시된 인스타그램 기능이다. 친한 친구 리스트를 만들고 인스타그램 스토리를 친한 친구 리스트와 연결시키면 친한 친구 리스트에 있는 계정에 피드가 우선적으로 노출된다. 게시물이나 댓글엔 아직 사용되지 않으므로 스토리, IGTV 등을 만들어 등록할 때 유용하게 사용할 수 있다.

4 광고를 운영하라

인스타그램의 광고 시스템은 페이스북이 운영한다. 그러므로 페이스북 광고의 특성을 파악하고 운영해야 한다. 원하는 타겟을 만들고 연령대와 성비, 적절한 관심사, 행동의 키워드를 파악해 광고를 운영하고 인스타그램과 페이스북의 광고 관리자를 통해 데이터를 분석한다. 이를 기반으로 재광고를 운영하여 고객을 확보할 수 있다.

5 소통과 DM을 활용하라

친하거나 자주 소통하는 계정에는 친구의 계정에 댓글 등을 남기거나 DM을 전달하여 소식을 받아보게 할 수 있다. 물론 페이스북의 메신저 광고를 이용할 수 있으나 페이스북 메신저 광고는 페이스북 메신저에만 노출되는 것을 알아두어야 한다. 개인적으로는 너무 힘들고 많은 일을 해야 하기 때문에 권하지 않지만 소그룹, 그들만의 리그를 운영하는 계정에서는 적절하게 사용하면 효과를 거둘 수 있다.

업종별 인스타그램 마케팅 비법

인스타그램을 운영하는 이유와 목적, 운영하는 방식은 다양하다. 그러나 기본을 만들지 않고 여기저기서 운영하는 방법만 익혀 시도를 하면 시도만으로 끝나 버릴 수 있다.

상품 판매, 브랜딩 등의 인스타그램 계정을 주로 운영하고 컨설팅한 경험을 바탕으로 몇 가지 업종 카테고리를 분류하여 운영법을 설명하려고 한다. 운영 카테고리는 정하는 것이 아니라 인스타그램 계정 자체적으로 분류된 몇 가지 카테고리에서 선택하는 것이다.

다음의 소개하는 계정은 최근 인스타그램을 운영하면서 팔로워 증가로 인한 인지도 확장과 직접적인 매출을 일으키는 채널로써 자신의 역할을 충분히 하고 있는 계정들이다. 인스타그램을 제품 판매와 브랜드 인지도 상승 등의 채널로 활용하고 참고하면 좋다.

뷰티/천연화장품/상시 판매 — 앤트리 @andtree_

[그림 1]
앤트리(@andtree_)

[그림 2]
연출 사진이 아닌 비슷한 컨셉의 사진 활용

[그림 3]
실제 사용 후기를 포스팅

순수 천연 소재를 주원료로 사용하는 천연화장품 제조 및 유통회사의 계정이다. 자사 생산 품목이 많기 때문에 인스타그램과 페이스북에서 자사 제품만 활용하여 홍보를 진행한다. 초기 운영은 일상과 제품의 포스팅 위주만 진행하고 인친 맺기 등의 소통 작업을 진행하지 않고 있었다. 팔로워 수의 증가나 홍보가 원활하지 않아 고민하던 중에 제품 위주의 사진을 스튜디오에서 연출한 사진이 아닌 일상에서의 실제 사용이나 후기 위주의 포스팅을 하고, 댓글과 좋아요를 눌러준 팔로워와의 맞팔 등을 약 1개월간 진행하였다. 그러자 1개월 이후 프로필 방문 지수 및 웹사이트로의 전환이 100명 단위에서 1,000명 단위로 증가하였다.

기존의 연출 사진 이외 인스타그램 팔로워가 많은 인친에게 샘플 등을 제공하고 콘텐츠를 제공받아 게시물을 작성하는 비율이 높았지만, 실제 사용 후기의 포스팅을 진행하면서 비슷한 장소와 비슷한 컨셉으로 사진의 색감과 전체적인 톤을 통일하였다.

뷰티 및 패션 등의 카테고리의 SNS를 운영할 경우 광고비의 투입보다는 직접 소통하는 것이 중요하다는 것을 다시 한 번 명심하자.

약 1개월간 몇 만원의(절대 십 만원 단위가 아님) 낮은 광고비를 투입한 광고와 팔로워 추가 및 댓글 소통 등을 함께 진행하여 전체적으로 프로필 유입수 증가뿐만 아니라 웹사이트 전환율이 전월 대비 300% 이상 증가하였다.

현재 계정 전체의 팔로워 숫자보다 도달, 프로필 방문, 웹사이트 전환 숫자가 많다. 제품 판매/브랜딩을 목표로 할 경우 자동 프로그램을 사용하는 것이 아닌 광고와 실제 운영, 후기 사진 포스팅의 3가지 요소만으로도 일정 수치의 목표에 도달할 수 있다.

인스타그램 가입 이후 운영을 거의하지 않아서 팔로워 수가 많지 않지만 최근 1개월 동안의 공격적이고 신뢰 있는 운영으로 충분히 활성화되고 있다.

전문몰/침구/인테리어/데코 — 바잘몰 @bazaar_mall

[그림 4]	[그림 5]	[그림 6]
바잘몰(@bazaar_mall)	게시물 업데이트 위주의 운영	제품 소개글

침구 및 인테리어, 데코 등의 제품을 판매하는 계정이다. 방송 협찬, 연예인 모델 등의 콘텐츠를 적극 활용하고 소통보단 게시물 업데이트를 통해 콘텐츠를 노출한다. 인스타그램 이용자를 프로필로 유입시키는 것을 우선으로 두고 운영 중이다.

제품 스틸컷 위주의 콘텐츠와 게시물 1개당 1장의 사진 또는 1개의 영상으로 임팩트 있는 콘텐츠를 선보인다. 인스타그램과 페이스북에서 5:5의 비율로 광고를 운영 중이며 개인이 아닌 회사에서 운영하고 있다.

소통보단 제품 소개 위주의 게시물을 게재함으로써 운영 초기 단계부터 회사 쇼핑몰과 제조사의 이미지를 각인시켰다. 공동구매와 상시 판매는 6:4 정도의 비율로 운영 중이며 현재까지는 공동구매보다는 상시 판매의 효율이 더 발생하고 있다. 바잘몰과 유사한 제품군을 취급할 경우 참고해보길 바란다.

쇼핑 공동구매 및 상시 판매/잡화등 — 공구몬@09mon88

[그림 7]
공구몬(@09mon88)

[그림 8]
협력 업체 제공 콘텐츠보다 자체 제작 콘텐츠 사용

[그림 9]
한 장의 사진으로 광고 운영

네이버 밴드, 오픈마켓 등 SNS 플랫폼과 인터넷 쇼핑몰 등에서 공동구매와 판매를 운영하는 회사이다. 인스타그램으로 공동구매를 진행한 것은 6개월 이상 되었다. 주로 생활용품, 잡화, 소형 가전 등의 제품을 취급하고 공동구매의 개념보단 상시 판매의 쇼핑몰 유입 채널로써 인스타그램을 활용한다.

계정 운영 초기에는 협력 업체로부터 제공받는 콘텐츠(사진/영상)를 사용하였으나 현재는 샘플 등을 가지고 직접 콘텐츠를 제작하여 운영한다. 1장짜리 광고를 자주 운영하며 광고가 끝난 콘텐츠는 쇼핑 태그를 붙여 프로필 방문자가 쇼핑몰로 유입되도록 운영한다.

회사에서 운영하는 계정이므로 다중 로그인, 광고 공유를 이용해 직원들과 함께 팔로워 추가 등의 작업을 진행한다. 연결되어 있는 웹사이트에는 3,000여개 이상의 제품이 상시 판매되고 있으며 현재 공구몬 계정과 연결되어 있는 네이버 스마트스토어 광고와 인스타그램 광고를 함께 운영하고 있다.

운영 1개월 차에는 매출보다는 소통과 인스타그램 친구 추가에 집중을 하였고, 2개월 차에는 하루 매출이 5백만 원 이하였지만, 3개월 차에 상시 판매 하루 3천만 원 이상을 발생시켰다. 지금도 공동구매보다는 꾸준한 상시 판매 매출이 일어나고 있다.

식품/생활용품 카테고리 - 맛의고수 @kebiya

[그림 10]
맛의고수(@kebiya)

[그림 11]
인친과의 소통 중시

[그림 12]
이벤트 운영

직접 만든 요리를 보여주고 인친들과 소통하며 레시피 등에 관한 이야기를 나누고 있다. 인스타그램 초기부터 직접 운영하고 소통하여 인친들과의 끈끈한 유대적 관계를 현재까지 이어오고 있다. 이러한 관계는 운영자의 관심과 소통에 의한 결과라 할 수 있다. 주로 식품과 생활용품 등의 상시 판매와 공동구매 등을 운영한다.

평소 광고보다는 운영자의 직접적인 댓글 소통이 노하우이며 필요 시에만 일부 광고를 운영하고 페이스북 광고 관리자와 인스타그램에서의 쇼핑몰 전환 광고를 운영한다.

오랜 시간 운영해왔고 광고보다는 인친들과의 소통 등에 중점을 두고 운영해 '구매 고객=인친'이라는 신뢰 관계가 형성되어 있다. 광고 운영보다는 꾸준한 시간의 투자로 신뢰성 확보와 매출의 두 마리 토끼를 모두 잡고 있는 계정이다. 초기 운영 단계의 계정 운영자는 반드시 참고하길 권한다.

콘텐츠는 운영자가 직접 요리하거나 실제로 사용한 경험을 담고 있으며 공동구매나 상품 판매 사전 이벤트를 꾸준히 진행하고 있다. 이벤트와 평소의 도달을 인사이트로 철저한 데이터 분석 후 콘텐츠 업데이트 날짜와 시간 등을 정해 판매를 진행하므로 공동구매 진행 시 상품별 차이는 있으나 기본 1,000개 이상의 판매고를 올리고 있다. 판매 가격, 고객 구매 성향 등은 직접 계정을 방문해 보길 바란다.

육아/일상/공동구매 — 하솔이 @ha_sol2

육아를 주 콘텐츠로 운영하는 계정이다. 계정 운영 초기에는 제품 판매를 생각하지 않았으나 여러 계정의 영향을 받아 가끔 공동구매 형태의 상품 판매를 진행하고 있다. 전적으로 판매를 위한 계정으로의 전환은 실제 운영자가 고민해야 할 몫이다.

[그림 13]
하솔이(@ha_sol2)

[그림 14]
소통으로 계정 운영

[그림 15]
스토리 사용

광고나 홍보가 아닌 그간의 소통으로 친숙해진 인스타그램 이용자들과 대화하며 DM을 받아 주문을 처리한다. 초반 2개월까진 소통에 집중하였으며 광고/홍보 부분을 익혀 공동구매 진행 시에만 홍보를 진행한다. 스토리/하이라이트 등의 간단한 기능을 계정에서 활용하고 있으며 판매되는 제품의 수량 등은 육아맘의 부업 수준을 넘은 평균 매출을 보이고 있다.

'인스타그램 계정 운영이 아르바이트나 부업보다 나을까?' 라는 고민이 있다면 특히 자세히 살펴보길 바란다. 운영자는 많은 시간을 투자하여 게시물을 올리고 소통하고 있다는 것을 확인할 수 있을 것이다.

육아/인테리어/리빙/주방/공동구매 — 리빙스테이 @livingstay_official

[그림 16]
리빙스테이(@livingstay_official)

[그림 17]
콘텐츠의 일관된 색감과 구도

[그림 18]
이벤트 운영

　　인테리어 소품, 주방, 생활 용품 등을 판매하는 계정이며 블로그와 연계하여 상품 정보 등에 관한 소통을 하고 있다. 제품 판매 콘텐츠는 댓글로 이루어지고 있다. 계정 콘텐츠의 색감, 구도 등은 톤이 일관적이기 때문에 개별적인 소식 피드를 받아보고 프로필을 방문할 경우에도 이질감이 없기 때문에 콘텐츠의 조화율이 높다.

　　실생활 컷과 직접 사용해보고 운영하는 콘텐츠를 업데이트하기에 콘텐츠에 대한 신뢰감과 유대관계가 높으며, 매출 유입의 창구로 커다란 역할을 하고 있다. 리빙스테이의 팔로워 수가 많은 이유로 신뢰감 있는 콘텐츠와 소통이 얼마나 중요한 지를 다시 한 번 깨닫기를 바란다.

리빙스테이는 가격 위주가 아닌 실생활 위주, 판매 위주의 콘텐츠를 주로 선보이기 때문에 저가 제품과의 차별성도 확실하게 제시한다.

스토리나 하이라이트 등 간단한 기능을 익혀 계정에서 활용하고 있으며 광고에 의한 판매에 중점을 두지 않고 있어 역시 좋은 콘텐츠와 활발한 소통만으로도 계정 운영과 판매가 확보될 수 있는지를 보여준다. 콘텐츠 중심의 계정 운영을 생각하고 있다면 반드시 참고해보길 바란다.

지금까지 소개한 계정은 일반적으로 사용자가 알고 있는 계정들보다 유명하지 않을 수도 있다. 하지만 실제 운영이 얼마 되지 않은 시점(3~6개월)에서 기대 이상의 효과를 발휘하고 실제로 눈에 보이는 매출을 발생시키고 있는 계정들이다.

이제 막 운영을 시작하거나 비슷한 카테고리의 계정을 운영하고 있다면 앞서 소개한 계정들을 살펴보고 도움이 될 부분은 자신의 것으로 만들기 바란다.

SNS 플랫폼의 운영은 인스타그램, 페이스북, 유튜브, 트위터 등 각각의 특성을 가지고 있지만, 인스타그램이나 페이스북처럼 특정한 SNS를 선택하고 운영법을 확실히 익힌 다음 다른 SNS로 확장하길 추천한다. 기본적으로 SNS 플랫폼의 운영 방법이 상당히 유사하기 때문에 개념과 운영에 대해 확실히 알아두면 어렵지 않게 적용할 수 있을 것이다. 그리고 반드시 일러두고 싶은 것은 자신이 알게 된 방법이 있다면 반드시 적용하고 실천해보기를 바란다.

○ 하나만 제대로 익히면 다른 SNS 어렵지 않다

1 인스타그램에 게시된 사진은 트위터, 페이스북, 유튜브 등에 유사하게 사용할 수 있다.

2 SNS 채널 운영의 기본은 콘텐츠의 제작과 구성이다. 인스타그램 전용 콘텐츠라는 건 없으므로 잘 만들어진 콘텐츠는 어떤 플랫폼에서도 사용이 가능하다.

3 광고와 홍보의 플랫폼은 '캠페인 → 광고 셋트 구성 → 광고하기'의 규칙이 있으므로 인스타그램과 연관된 광고 툴만 익혀도 대부분의 광고 운영이 가능하다.

4 SNS 플랫폼의 운영은 결국 사람이 많은 곳에서 소통하며 운영하는 것이다. 가장 기본인 소통을 익힌 다음 광고와 홍보를 이어나가길 바란다.